사주풀이
운명을 읽다

※ 일러두기

본문에 나오는 '저자의 전작'이란 《당신의 운명을 읽는 사주 공부 첫걸음》을 말한다.

사주풀이 운명을 읽다

四柱

曉天 윤득헌 지음

중앙생활사

책머리에

만약이라는 말은 가정법의 시작입니다. '만약 클레오파트라의 코가 조금만 낮았더라면', '만약 우주여행을 간다면', '만약 미국에서 태어났다면' 등등, 만약으로 시작되는 가정의 세계는 끝없이 펼쳐집니다. 그렇지만 만약으로 시작되는 상상이 모두 부질없는 일이라 할 수는 없습니다. 의미가 없는 일이라면 가정법은 벌써 생명력을 잃었을 테지요.

가정은 시간적·공간적 제약을 받지 않습니다. 역사적인 일, 국제적인 일, 거대한 일에 국한되지 않습니다. 가족의 일, 친지의 일, 직장의 일, 동네의 일, 학창 시절의 일, 내일의 일도 가정의 대상입니다. 그러나 많고 많은 가정 중에서도 관심의 초점이 되는 것은 아무래도 자신의 문제일 것입니다.

'만약 대학에서 다른 전공을 했더라면', '만약 사회에 발을 디디며 다른 직업을 택했더라면', '만약 결혼을 하지 않았다면', '만약 그때 부동산 투자를 했더라면', '만약 노년기에 생활의 어려움을 겪는다면' 등등, 우리의 일상 대부분은 가정의 대상이 됩니다. 가정의 결론이 흑백일 필요는 없습니다. 하지만 지나간 일은 물론 현재의 일이나 미래의 일 모두 선택의 중요성을 일깨워줍니다.

지나간 일의 가정은 부정적·긍정적인 결론을 유도합니다. 현재의 상황이 만족스럽다면 지난 일의 선택과 과정이 잘되었다는 것입니다. 현재 일의 가정은 선택의 고민을 안깁니다. 현재의 선택이 미래의 현실로 이어지고, 미래의 가정과 연결되기 때문입니다.

'만약 금명간 다니던 직장을 그만두고 다른 분야로 진출한다면'이란 가정을 한다고 합시다. 가정은 '만약 사업을 하기로 결심했다면'으로 넘어갑니다. 그리고 사업 분야·장소·규모 등으로 이어집니다. 선택이 필요한 일이고, 매우 중요한 일입니다.

무엇을 택할지, 어떻게 택할지 고심하게 됩니다. 전례의 연구, 환경과 여건의 분석, 주위의 조언 등이 도움이 될 수는 있습니다. 하지만 결정은 자신의 몫이고, 책임입니다.

나이가 들면 과거의 일을 돌이켜보게 되기도 합니다. 아쉬웠던 일이 기억에 더 뚜렷합니다. '사회생활을 다른 분야에서 시작했다면', '그때가 인생의 전환점이 될 시기가 아니었을까', '재물에도 신경을 써야 했는데' 등 적지 않습니다. 그리고 생각해봅니다. 그때 사주를 알고 운의 흐름을 알았다면 어떠했을까 하는 것이죠.

이 책은 저자의 전작에 이어지는 책으로, 이론의 실제 적용에 초점을 맞추었습니다. 그래서 사건의 대응 방안을 결정하는 데 도움이 되도록 하고, 운의 흐름을 타는 순리를 이해하도록 했습니다. 물론 사주를 정확히 간명看命하고 통변通辯하는 일은 하루아침에 이루어지지 않습니다. 노력과 시간의 투자가 필요합니다. 그러나 투자는 반드시 결실을 안겨줍니다.

이 책이 투자의 효율성을 높이는 길잡이가 되었으면 좋겠습니다. 사주명리학 서적은 넘칠 정도입니다. 하지만 사주풀이 방법을 조리 있게 정리한 책은 드뭅니다. 실제 사주 풀이를 예시하며 설명을 전개하면 더 좋았을 것이란 아쉬움을 남겨둡니다.

책의 출판을 기꺼이 맡아주신 중앙생활사의 김용주 대표님과 편집진, 원고 작업을 격려해주신 안종선 성보풍수명리학회장님께 감사 인사 드립니다.

曉天 윤득헌

차 례

4부 성격 간명

5부 생활 간명

2 가족

3 혼인(배우자)

4 관운

5 재운

6 직업

7 진로 적성

1부
간명 · 통변

1부 간명 · 통변 1

간명

간명의 개념

간명看命은 사주팔자로 명을 본다는 뜻이다. 간명을 글자 그대로 보아 명을 살피고 생각해 판단한다는 감명鑑命, 명을 헤아리고 추측한다는 추명推命과 구분하는 견해도 있다. 하지만 간명을 사주팔자의 구조를 여러 각도로 분석하여 사주 주인공의 명을 판단한다는 의미로 해석하면 용어에 구애받을 일은 없을 것이다. 간명 · 감명 · 추명의 핵심은 사주를 분석하여 명을 정확히 판단하는 일이다.

명을 판단하기 위해서는 우선 사주에서의 숙명과 운명의 의미를 명확히 할 필요가 있다. 사주 자체는 바뀔 수 없다. 숙명이다. 하지만 사주는 대운과 세운을 만나 움직인다. 그에 따라 사주 주인공의 삶은 새로운 전기를 맞게 된다. 변화가 바로 운명이다. 간명은 숙명과 운명을 풀어내는 것이다. 그러므로 간명 자체로 끝나는 게 아니라 사주 주인공의 삶에 긍정적인 변화 방법을 제시하는 역할도 해야 할 것이다. 간명의 대상에는 운세·운로를 비롯해 명예와 부귀·업무의 성공과 실패·직업·학업·배우자·가족 관계·질병 등 인간의 일 모두가 포함되어야 한다. 따라서 간명은 현실적으로 접근해야 할 것이다.

사주팔자로 사람의 숙명·운명을 판단하는 일은 간단한 게 아니다. 사주명리학의 많은 이론과 분석 도구를 동원해도 간명을 완전하게 해내긴 어렵다. 물론 사주명리학에 해박한 지식과 풀이 경험을 가진 사람은 정확하게 간명할 확률이 높을 것이다. 하지만 태어난 연·월·일·시로 정해지는 천간·지지 여덟 글자로 명주가 겪게 되는 삶의 역정을 정확히 판단하고 예측하는 일은 난제 중 난제다. 게다가 사람마다 태어나고 살아가는 환경과 여건이 다르다. 그러므로 사주 여덟 글자의 모양과 배열이 똑같다 해도 간명이 같을 수는 없다.

따라서 간명은 명을 완벽에 가깝게 파악하는 과정으로 이해하고 접근하면 편할 것이다. 간명에 필요한 많은 요소를 모두 분석하여 종합적으로 운명을 판단하는 일도 간명이지만, 사주팔자의 음양오행만을 분석해 운명을 판단하는 일도 간명으로 보는 것이다. 간명 자체를 어렵게 볼 필요가 없다는 말이다. 간명은 사주명리학의 이론 중 알고 있는 분야만의 분석만으로도 가능하고, 또한 필요한 분야만 분석해도 된다.

간명은 통설로 자리 잡은 이론과 방법을 택하는 게 옳을 것이다. 간명의 요소에 대한 보편적이고 타당한 분석과 판단에 기초해야 한다는 것이다. 사주명리학에는 비결·비법 등의 형용사를 앞세운 이론이 간명 요소

어디에나 있다. 물론 비법·비결 등이 간명에 적중하는 부분도 있을 것이다. 하지만 많은 간명 요소를 분석·판단할 때마다 이른바 비법·비결 등에 의존한다면 사주명리학의 논리는 허구가 되고 말 것이다. 사주명리학에는 간명 요소별로 논리적 타당성과 적용 사례를 통해 효용성이 인정된 이론과 방법도 적지 않다.

간명의 순서에 대해서도 간명법이란 이름의 주장이 다양하다. 하지만 간명의 순서는 정해진 게 없다. 효율성을 따져서 간명 요소들에 대한 분석 순서를 나름대로 고려하면 될 것이다. 간명 순서보다는 간명의 요소에 집중하는 편이 낫다. 간명의 목적에 따라 간명의 요소 중 우선적이거나 중점적인 요소를 택하여 분석하고 판단하는 것이다.

간명의 순서

간명·감명·추명은 순서대로 해야 실수가 없다고 한다. 일주의 강약을 먼저 보아야 한다는 것도, 용신을 먼저 정해야 한다는 것도, 나름대로의 이유는 있을 것이다. 하지만 앞서 언급한 대로 간명의 순서는 법으로 정해진 게 아니다. 그러므로 일반적으로 활용되는 간명 요소를 순서에 구애받지 않고 하나하나 분석하는 방법을 간명법의 하나로 제시한다. 간명의 핵심은 간명 요소의 개별적 분석을 간명의 목적에 맞게 종합적으로 판단하는 일이다.

음양

음양의 균형

음양은 명주의 기본적인 심성을 살펴보는 요소다. 음양이 균형을 이루었다면 명주의 인성은 안정적이라고 본다.

음양의 다소

음양의 다소는 한쪽이 셋, 다른 쪽이 하나인 경우다. 일간의 음양을 기준으로 성향을 파악한다. 양이 많은데 일간이 양이면 능동적 성향, 음이 많은데 일간이 음이면 수동적 성향으로 파악한다. 반면 양이 많은데 일간이 음이면 계산적 성향, 음이 많은데 일간이 양이면 허세를 부리는 성향으로 본다.

음양의 대립

연지와 월지, 일지와 시지가 짝을 이뤄 음양이 좌우 2개씩 대립된 경우에는 흑백논리의 성향을 갖고 있다고 본다.

음양의 편향

음양이 모두 양 또는 모두 음인 경우다. 양인 경우는 양팔통陽八通, 음인 경우는 음팔통陰八通이라 하며, 극단적인 양의 성향과 음의 성향을 갖고 있다고 파악한다.

오행

오행의 균형

사주팔자에서 중시하는 것은 오행의 균형이다. 중화라고도 한다. 사주에 목·화·토·금·수 오행이 모두 있으면 오관五官사주라고 한다. 오관사주는 다양한 기회를 만날 수 있으며, 어려운 일을 만나도 어떻게든 견딘다고 본다. 오관사주를 가진 사람은 국민의 25% 정도라고 한다.

오행의 불균형, 극 오행의 대립

사주에 오행이 2개 또는 3개 있는 경우를 말한다. 편고偏固라고도 한다. 2개 있는 경우는 양기성상兩氣成象사주라고 하며, 목·화·토·금·수 오행 중 3개가 나란히 있으면 삼상三象사주라고 한다. 불균형한 사주는 대체로 건강에 문제가 있고, 대운이 좋을 때 크게 길하지만 나쁠 때는 매우 흉하다고 본다.
사주에 목 오행과 금 오행이 대립하는 경우는 금목상쟁金木相爭, 수 오행과 화 오행이 대립하는 경우엔 수화쌍전水火雙戰이라고 한다. 이혼의 가능성이 높고, 일이 순조롭지 않다고 본다.

오행의 부재·부족·발달·과다·태과

목·화·토·금·수 오행은 각각 고유한 특성을 갖고 있다. 사주에 어떤 오행이 없을 수도 있고, 지나치게 많을 수도 있다. 오행의 수에 따라 부재(없음) · 부족(1~2개) · 발달(3개) · 과다(4개) · 태과(5개 이상)라 하며, 명주의 성격과 성향은 달리 나타나게 된다. 4부 성격 간명 및 저자의 전작 2부 연구편 중 2장 오행론을 참고하면 좋다.
오행의 부재와 과다는 질병을 파악하는 요소이기도 하다. 오행의 과다는 평상시의 병이며, 부재는 병이 오면 중병으로 판단한다. 목 · 화 · 토 · 금 · 수 오행의 부재와 과다로 인한 질병은 기본적으로 간 · 심 · 비 · 폐 · 신肝心脾肺腎의 질환으로 파악한다. 5부 생활 간명을 참고하면 좋을 것이다.

오행의 고립

오행의 고립은 주변에 같은 오행이나 상생하는 오행이 없을 경우를 말한다. 다만 월지는 고립되지 않는다고 본다. 오행의 고립은 오행의 부재 · 과다와 마찬가지로 질병으로 파악한다. 특히 명주인 일간이 고립된 경우에는 단명 사주로 판단하기도 한다.
오행의 고립은 육친의 고립으로도 판단한다. 건명의 경우 재성, 곤명의 경우 관성이 고립되면 일단 배우자 운이 좋지 않다고 본다.

오행의 생극 과다

오행의 생극 과다는 오행 중 생하는 오행, 생을 받는 오행, 극을 당하는 오행의 힘이 왕성하면 생극의 질서가 무너지는 경우를 말한다. 생하는 오행이 힘이 지나치게 강한 경우는 목다화색木多火塞 · 화다토초火

多土焦 · 토다금매土多金埋 · 금다수탁金多水濁 · 수다목부水多木浮·腐 현상이 나타난다. 생을 받는 오행의 힘이 왕성한 경우는 목다수축木多水縮 · 화다목분火多木焚 · 토다화회土多火晦 · 금다토허金多土虛 · 수다금침水多金沉의 현상이 나타난다. 극을 받는 오행이 힘이 강한 경우 목다금결木多金缺 · 화다수건火多水乾 · 토다목절土多木折 · 금다화식金多火熄 · 수다토산水多土散의 반극 현상이 나타난다. 저자의 전작 2부 연구편 중 2장 오행론을 참고하면 좋다.

오행의 일기

오행의 일기一氣는 천간이나 지지가 한 가지 오행으로 되거나, 천간·지지가 모두 한 가지 오행으로 된 경우다. 각각 천간 일기一氣 · 지지 일기·천원 일기라고 한다. 오행의 기운이 한쪽으로 쏠린 것으로 어떤 오행이 일기가 되었는지, 사주의 구조가 어떤지, 용신운이 어떤지를 살펴서 길흉을 판단해야 한다.

오행의 한난조습

오행의 한난조습寒暖燥濕은 천간·지지의 오행이 각각 매우 뜨겁거나 차가운 경우, 또는 매우 메마르거나 습한 경우를 말한다. 어떤 경우이건 문제가 발생할 것으로 판단한다. 예를 들어 곤명의 지지가 수·금의 차가운 오행으로만 되어 있다면 잉태에 어려움을 겪게 될 것으로 보는 것이다.

간여지동

간여지동干與地同은 연주·월주·일주·시주의 천간과 지지가 같은 오행인 경우를 말한다. 일주의 간여지동은 명주의 고집이 세다고 풀이한다.

지지 토 오행의 역할

지지의 토 오행은 사주에서 중요한 역할을 한다. 지지 토 오행인 진·술·축·미辰戌丑未는 사고지四庫地라고 한다. 고庫의 의미는 창고로서, 진·술·축·미는 10성의 창고 역할을 한다. 만일 사주 지지에 토 오행이 없으면 창고가 없는 것이다. 특히 토 오행이 재성이라면 재고가 없는 것이고, 명주는 재물과 인연이 적다고 본다.

진·술·축·미는 고의 역할도 하지만, 12운성의 묘墓가 되기도 한다. 지지 토 오행인 진·술·축·미가 운에서 충을 만날 때, 고가 열리거나 묘가 활동하는 점을 잘 살펴야 한다.

물상

천간의 글자를 그림으로 그려봄으로써 사주의 길흉을 판단하는 방법이다. 그림이 명쾌하게 그려지면 사주가 편안하다고 하며, 그림이 잘 그려지지 않거나 그림이 보기 흉하면 사주가 불편하다고 한다.

예를 들어 일간 갑목의 양쪽에 무토가 있으면 그림은 큰 바위산 위의 외로운 나무의 형상이 되므로, 명주의 삶은 늘 외로운 형편이 될 것으로 판단한다.

글자 모양 · 배열

곡각

곡각曲脚은 구부러진 글자를 말한다. 천간의 을乙 · 기己와 지지의 축丑 · 사巳가 이에 해당한다. 사주에 곡각이 3개 이상이면 하체 부실 · 하체 질환으로 푼다. 기축己丑은 곡각의 간여지동으로, 곡각이 3개라고 본다.

현침

현침懸針은 뾰족한 글자를 말한다. 천간의 갑甲 · 신辛과 지지의 오午 · 미未 · 신申이 이에 해당하며, 묘卯는 반현침으로 본다. 사주에 현침이 4개 이상이면 일단 타인에게 상처를 주는 사람으로 본다.

중중

중중重重은 천간의 글자가 좌우로 나란히 붙어 있거나, 오행이 상하로 같은 경우를 말한다. 천간의 중중은 명주의 경쟁력이 강하거나 경쟁을 해야 한다고 푼다. 오행의 중중은 해당 오행의 성격이 더욱 강하거나 고집이 세다고 본다.

천간 삼련 · 사련

천간 삼련三聯은 일간과 같은 글자 3개가 나란히 붙은 것이고, 사련四聯은 천간이 모두 같은 글자인 경우를 말한다. 삼련과 사련은 천간 글자에 따라 긍정적 · 부정적으로 해석한다. 저자의 전작 2부 연구편 중 3장 천간론을 참고하면 좋다.

첩신

첩신貼身은 명주의 일간인 아신我身 옆에 붙은 글자를 말한다. 일반적으로 아신을 극하거나 무력화하는 글자가 붙어 있을 때 첩신이라고 한다. 일간 을乙 옆에 신辛, 계癸 옆에 임壬이 붙어 있는 경우다. 첩신이 있으면 무너진 사주라고 말하기도 한다.

일간의 강약 · 통근

일간의 강약은 우선 득령 · 득지 · 득세로 판단한다. 일간의 강약 판단은 사주에서 매우 중요하다. 일간의 강약은 명주의 운명과 직접적 관계가 있기 때문이다. 일간의 신강 · 신약에 따라 사건 대응 능력이나 태도가 달라지며, 무엇보다도 운세 판단의 열쇠가 되는 용신이 신강 · 신약 여부로 결정된다. 신강 · 신약은 대체로 상반된 성격을 갖는다. 물론 신강 사주가 신약 사주보다는 여러 면에서 낫다. 신강인 사람은 운세가 조금 좋지 않거나 어려운 일을 만났을 때 견디고 극복하는 힘이 있다.

일간의 강약은 득령 · 득지 · 득세로만 판단하지는 않는다. 일간이 지지에 통근했는지도 강약 판단의 중요 요소다. 일간이 월지에 뿌리를 내리면 바로 신강으로 판단하기도 한다. 일간이 사주 지지에 뿌리를 내리지 못했으면 무근 사주라고 해서 평생 이루는 게 적을 것이라고 보기도 한다.

저자의 전작 1부 기초편 중 11장 신강·신약을 참고하면 좋다.

월지

월지는 사주에서 어머니의 자리다. 월지는 만물의 자궁이 되므로, 월지의 오행은 힘을 따질 때 두 배로 본다. 득세로 신강 여부를 따질 때 내편인 비겁과 인성이 다섯을 기준으로 하는데, 월지에 비겁이나 인성이 있으면 넷이 기준이 된다. 월지는 내편의 수를 2개로 보기 때문이다. 명주인 일간은 월지의 소생이 되므로 당연히 일간은 월지의 도움을 받아야 좋다. 일간 갑목이 인월생이라면, 갑목은 봄에 태어난 나무로 힘 있는 나무가 되는 것이다.

월지에 어떤 10성이 자리하는지도 잘 살펴볼 일이다. 간명에서 가장 먼저 해야 할 일은 월지에 관성과 재성이 있는지를 가장 먼저 보는 것이라는 이론도 있다. 건명에게 재성은 부인이 되고 곤명에게 관성은 남편이 되는 까닭에, 월지의 관성·재성은 배우자를 간명할 때 잘 살펴야 한다.

일주·지장간

일주는 사주 주인공인 명주의 기본적 성격을 나타낸다. 60갑자의 하나인 일주를 통해 총체적 성격·사회성·혼인 관계 등 명주 운명의 윤곽을 파악할 수 있다.

일주의 일지는 배우자 자리다. 일지가 어떤 10성(육친)인지, 일지가 길신吉神인지, 일지가 합충되어 있는지, 일지의 12운성과 신살 등을 파악해 배우자 운을 헤아릴 수 있다.

일지의 지장간 역시 일간과 밀접한 관계가 있다. 지장간의 성분이 일간에 어떠한 작용을 하는지를 살펴야 한다.

2부 일주 간명을 참고하면 좋을 것이다.

공망

공망은 일주 기준으로 본다. 연주·월주·일주·시주 공망으로는 육친과의 관계를 파악한다. 일주 공망은 세운으로 보기도 하고, 연주를 기준으로 보기도 한다.

10성 공망도 살펴본다. 10성 공망으로는 사회적 관계를 살펴본다.

저자의 전작 1부 기초편 중 8장 공망을 참고하면 좋다.

근묘화실

근묘화실로 육친 관계와 시기별 운세의 큰 틀을 파악한다. 합·충·형이 있는지, 길신이 자리하고 있는지, 공망과 겹치는지도 살펴본다.

저자의 전작 1부 기초편 중 10장 사주 각주의 의미(근묘화실)를 참고하면 좋다.

합 · 충 · 형 · 해 · 파, 상생 · 상극

합충과 상생·상극은 운세의 변화에 직접적인 작용을 하므로 세심히 살펴본다. 물론 변화는 대운·세운과 만나 구체화하는 것이지만, 사주 원국의 구조를 잘 파악해야 변화를 더욱 정확하게 판단할 수 있다. 변화가 실천적인 지지의 합충은 더 세심하게 살펴본다.

사건·사고의 발생 여부를 판단하는 것도 합충과 상생·상극으로 한다. 우선 명국 천간의 합충 및 상생·상극과 지지의 합충 개수를 파악한다. 그리고 세운에서 생기는 천간의 합충 및 상생·상극의 개수와 지지의 합충 개수를 더해 7개 이상이면 커다란 사건이 생길 가능성이 높다고 본다.

궁성론에 기초한 합·충·형·해와 상생·상극도 판단한다.

저자의 전작 2부 연구편 중 6장 합충론, 11장 궁성론을 참고하면 좋다.

10성 · 육친

10성의 분석은 간명에서 매우 중요한 요소다. 사주의 간명은 간명 요소를 종합적으로 고려해야 하지만, 10성은 명주의 사회적 관계와 육친 관계를 살펴볼 수 있는 핵심 요소다. 10성의 숫자·위치·배열에 따라 사주의 판단이 다양하게 갈릴 수 있기 때문이다. 10성 중 관성과 재성은 사회적 관계와 가정적 관계를 가늠할 수 있는 요인으로 잘 살펴볼 필요가 있다. 저자의 전작 2부 연구편 중 5장 10성론을 참고하면 좋다.

12운성

12운성의 사주 적용은 선호도 차이가 있다. 개인적으로는 12운성 중 장생·제왕·건록 등 길신만 적용하고, 나머지는 다른 요인과 중복될 때만 적용 여부를 고려한다.

장생은 조상 덕의 여부를 살펴보는 연주 장생만 분석에 적용한다. 제왕은 장년기에 운세의 왕성 여부를 살펴보는 일주 장생만 적용한다. 건록은 사주 모두에 적용한다. 적용하는 운성이 운에서 삼합이 이뤄지면 효과가 크다고 판단한다.

저자의 전작 1부 기초편 중 15장 12운성론을 참고하면 좋다.

12신살 · 신살

12신살의 사주 적용은 선호도 차이가 있다. 개인적으로는 12신살 중 장성·역마·화개 등 길신과 도화만 적용하고, 나머지는 다른 요인과 중복될 때만 적용을 고려한다.

장성은 되기 어려운 것을 되도록 바꾸는 힘이 있다고 보아 분석에 적용한다. 역마는 옛날과 달리 긍정적으로 풀이하는 오늘날의 추세에 따라 적극적으로 적용한다. 역마가 연지와 시지에 있어 울타리를 이루거나 일지 양쪽에 역마가 있으면, 평생 역마살이 작용한다고 본다. 지지 병존과 천간 무戊·계癸의 병존도 역마로 풀이한다. 역마가 있는 사람은 도화가 따르기 쉬우므로 역마가 도화와 같이 있는지도 잘 살펴본다. 화개 역시 오늘날의 추세에 따라 좋게 적용한다. 화개는 정관·정재를 만나면 매우 긍정적으로 작용한다고 본다. 운성과 마찬가지로 적용하는 신살이 운에서 삼합이 이뤄지면 효과가 크다고 판단한다.

기타 신살 중에서는 보편적으로 활용되는 신살을 분석에 적용한다.

저자의 전작 2부 연구편 중 10장 신살론을 참고하면 좋다.

용신

용신은 운세 판단에 가장 중요한 요소이므로 분석에 신중을 기해야 한다. 용신은 만드는 것이 아니라 찾는 것이니만큼 사주의 조후, 일간의 신강·신약 및 신왕·신쇠 등을 잘 따져 용신을 정한다. 정한 용신이 천간에 있는지, 지지에 있는지, 지장간에 있는지도 살펴본다. 한번 정한 용신이 사주 주인공의 행로와 맞지 않으면 용신을 다시 찾아 적용해보기도 한다.

용신의 대운과 세운 적용에서는 개두·절각 및 합·충·형 등에 따른 변화를 세심하게 본다.

저자의 전작 2부 연구편 중 7장 용신론을 참고하면 좋다.

격국

격국론의 적용에 대해서는 선호도 차이가 많다. 격국론자는 예전과 마찬가지로 격국의 짜임새를 중시하며, 용신도 격국용신의 적용을 주장한다. 격국용신과 일간 기준의 억부용신을 구분한다. 반면 격국론은 고법古法 이론이고, 격국용신도 일반 용신론으로 해결할 수 있다고 주장하는 격국론 경시파도 있다.

개인적으로는 격국론의 이론적 바탕이 탄탄하다는 점에서 월지를 기준으로 격국을 정하고 격국용신도 정한다. 하지만 적용은 사회적 관계를 파악하는 데 국한하고 있다.

저자의 전작 2부 연구편 중 8장 격국론을 참고하면 좋다.

대운 · 세운

대운은 운세의 환경이고 세운은 운세의 활동이라는 점을 중시한다. 대운이 좋은 때라야 세운이 활짝 피게 된다고 본다. 대운이 나쁜 때에는 세운이 매우 좋아도 크게 성공하기는 어렵다고 보는 것이다. 물론 운세가 좋다는 의미는 용신운과 희신운일 경우를 말한다.

대운는 간지의 운을 함께 보아 10년 단위로 판단해야 한다는 주장과 간지의 운을 별개로 보아 5년 단위로 판단해야 한다는 주장이 엇갈린다. 아울러 대운은 지지를 중시해야 한다는 이론은 오래전부터 자리 잡고 있다. 개인적으로는 대운을 10년 단위로 판단하지만, 운세의 흐름은 지지로 파악한다. 지지는 인·묘·진, 사·오·미, 신·유·술, 해·자·축 등 토가 뒤에 붙지만, 30년 단위로 목·화·금·수의 운이 변하기 때문이다.

세운은 당년의 운세에 직접적으로 강력하게 작용한다는 점에서 잘 살펴본다.

저자의 전작 1부 기초편 중 14장 대운·세운·소운을 참고하면 좋다.

사주의 청탁

사주 주인공의 운세를 큰 틀에서 살필 수 있다는 점에서 사주의 청탁淸濁을 살펴본다. 일반적으로 사주의 기운이 맑으면 부귀와 명예가 참되다고 하며, 기운이 탁하면 빈천하고 고달프다고 한다. 하지만 사주의 청탁을 따지는 일은 간단하지 않다. 청탁이 분명히 드러나는 경우보다 혼재된 경우가 많기 때문이다.

청탁의 구분 요소는 여러 가지다.

음양과 오행의 중화를 본다. 음양이 편향되거나 좌우로 대립되면 탁하다고 본다. 오행의 편중되거나, 고립되거나, 극하는 오행이 대립되면 탁하다고 여긴다.

오행의 유통 여부를 본다. 오행의 배열이 상극 구조로 되어 유통이 잘되지 않으면 탁하다고 본다.

천간의 물상을 본다. 그림이 잘 그려지지 않거나, 그려져도 삭막하거나 외로운 모습이면 탁하다고 본다.

천간지지의 합·충·형·해·파를 본다. 합·충·형·해·파가 많으면 탁하다고 본다. 성공과 실패가 엇갈리는 풍파가 많은 삶을 살게 된다고 여긴다. 특히 천간에 합충이 많은 건명과 지지에 합충이 많은 곤명은 배우자 인연이 복잡해질 수 있다.

신강·신약을 본다. 신약에 용신이 불미하고 충극이 많으면 탁하다고 본다. 신강·신약에 관계없이 일간이 무근이면 탁하다고 여긴다.

10성을 본다. 곤명에 관살혼잡官殺混雜·상관견관傷官見官 등이 있으면 탁하다고 본다.

용신을 본다. 용신이 없거나 용신을 찾기가 어려우면 탁하다고 본다. 용신이 충파로 대운·세운에서 역할을 하지 못해도 그러하다.

격국을 본다. 정관격에 상관이 투출되거나 정재격에 비겁이 투출하는 등의 경우에는 탁하다고 본다.

1부 간명 · 통변 **2**

통변

통변의 개념

통변通辯은 두루 꿰뚫어 말한다는 뜻으로, 잘 알아들을 수 있도록 해석하는 것이다. 사주명리학에서 통변이란 용어는 크게는 두 가지로 활용된다. 통변을 간명의 일부로 보는 견해와 통변과 간명을 별개로 보는 견해다. 앞의 견해는 통변을 간명의 마지막 절차로 본다. 통변이 간명의 핵심이라는 것이다. 뒤의 견해는 간명은 간명 요소를 있는 그대로 판단하는 것으로, 통변은 간명을 기초로 운명을 해석하는 일로 본다.

감명이란 용어를 쓰는 역술인협회에서는 이론에 의한 감명과 통변에 의한 감명이라는 말로 통변을 감명의 한 분야로 취급하고 있다.

또한 통변은 간명의 여러 요소를 분석해 육친에 대입해서 풀이하는 것으로, 10성 통변을 뜻한다는 견해도 있다.

하지만 간명과 통변에 대한 견해나 정의가 어떠하든, 명의 풀이는 크게 다르지 않을 것이다.

통변의 묘미

"구슬이 서 말이라도 꿰어야 보배"란 말이 있다. 통변도 마찬가지다. 통변은 분석된 간명 요소를 조합하여 간명의 목표를 달성하는 것이다. 하지만 통변은 간명 요소의 선택과 조합 방법에 따라 해석에 차이가 날 수 있으며, 같은 사안에 대해 상반된 풀이도 나올 수 있다. 통변의 묘미는 바로 상반된 해석이 가능한 경우 어느 쪽을 적용하는가에 있다. 사주 주인공이 살아온 궤적과 여건 등과 어울리는 통변을 하는 것이야말로 통변의 묘미다. "통변이 간명의 꽃, 간명의 마지막 관문"이란 말도 그에서 비롯되었을 것이다.

통변을 명쾌하게 하기 위해서는 기본적으로 간명 요소들을 정확하고 세밀하게 분석해야 한다. 그리고 간명 목표에 적합한 간명 요소들을 택한 다음, 여러 간명 요소들을 종합적으로 조합하여 이해하기 쉽고 공감할 수 있는 해석을 해내야 한다. 하지만 통변으로 좋은 결과물을 만들어내는 일은 결코 쉽지 않다. 통변을 잘하려면 간명 요소를 잘 분석할 수 있는 사주명리학의 이론적 배경은 물론, 풍부한 간명의 경험과 사회적 경험, 삶을 조망할 수 있는 예지력 등이 동원되어야 할 것이다.

통변 역시 순서가 정해져 있는 것은 아니다. 간명 목표에 따라 순서를 바꾸어도 되고, 특정한 간명 목표만을 통변해도 될 것이다. 개인적으로는 건강·성정·육친·명예·재물·학업·직업·운세 순의 통변을 선호한다. 물론 가장 중요하게 여기는 분야는 운세 통변과 육친 통변이다. 운세 통변은 사주 주인공, 육친 통변은 가족에 관한 것이기 때문이다.

간단히 살펴보면, 건강 통변에서는 오행과 세운을 기초로 해석한다. 특정 오행이 많거나 없거나 고립되는 경우를 살펴보고, 세운에서 특정 오행과 같은 오행을 만나는지, 극하는 오행을 만나는지 등을 조합한다. 일주와 자형字形도 통변에 고려한다.

성정 통변에서는 음양오행, 일간의 오행, 일주·일간의 강약, 용신, 격국 등 여러 간명 요소를 종합적으로 고려해 통변한다.

육친 통변에서는 간명 요소의 분석을 모두 동원해 해석한다. 육친 통변에서는 사주 주인공이 건명인 경우에는 재성, 곤명인 경우에는 관성의 역할을 중시한다. 배우자·자식·부모·형제의 순으로 통변한다.

명예·재물·학업·직업의 통변에서는 일간·음양오행·용신·10성·합충형·격국 등을 종합적으로 고려한다.

운세 통변에서는 간명 요소 중 용신과 대운·세운의 관계를 기초로 운의 흐름을 고려한다. 대운에서 용신과 희신이 작용하는 시기와 그 시기에 세운이 어떠한 역할을 하는지 다양한 시각으로 검토해 통변한다. 운세 통변에서는 통변의 다양성과 묘미를 느낄 수 있다.

예를 들어, 명국에 역마살이 있는 건명이 세운이 재성인 해에 출장을 갔다고 하자. 역마에 재운의 해이니 돈벌이 목적의 출장일 것이다. 하지만 건명에게는 재성이 곤명이란 점을 주목할 필요가 있다. 애인을 동반한 여행도 될 수 있는 것이다. 이 통변은 건명의 바람이 들통이 날 것인지, 언제 수그러들 것인지 등으로 이어질 것이다. 통변 역시 사주명리학의 한 분야답게 끝이 없다고 하겠다.

2부

일주 간명

2부 일주 간명 **1**

일주론

일주론의 의의

추명은 한두 가지 요소로 판단할 수 있는 일이 아니다. 추명에 활용되는 많은 요인을 종합적으로 검토하고 분석해야 신뢰할 만한 결과를 얻을 수 있다. 많은 변수를 고려하여 사주를 분석하는 데는 내공이 필요하다. 사주 이론의 학습과 임상 실습 등 상당한 노력이 따라야 가능한 일이다.

하지만 사주 연구가 깊어도 추명을 100% 해내기는 어렵다. 100% 추명에 다가가는 노력이 사주의 공부인 셈이다. 그런 면에서 사주의 일정 요소만으로 추명하는 방법도 의미가 있다고 할 것이다. 추명의 적중도는 떨어지더라도 윤곽이 어그러지는 것은 아니며, 간단하다는 이점도 있다. 대표적으로 연주만으로 추명하는 방법과 일주만으로 추명하는 방법이 있다.

생년인 연주의 지지가 상징하는 동물, 즉 생년의 띠로만 추명하는 방법은 당나라 시대부터 시작되었다. 당사주로 불리는 이 방법은 일주를 중심으로 사주를 분석하는 자평명리학이 생기기 전부터 활용된 것으로, 지금도 사용되고 있다.

일주는 사주 주인공이 태어난 날이다. 일주의 일간은 사주의 주인공이고, 일지는 배우자의 자리다. 태어난 날의 천간과 지지만으로 분석하는 방법은 사실상 사주 주인공을 분석하는 것으로, 자평명리학 추명의 기초적인 단계라 할 것이다. 일주 분석은 사주의 주인공이 갖고 있는 성격이나 특성을 포괄적으로 이해할 수 있게 한다. 오늘날 일주만으로 추명하는 것은 일정한 경우에만 국한되지만, 일주의 판단만으로도 추명은 가능하다. 또한 일주의 분석은 추명 정확도의 기반이 된다.

60갑자의 특성을 분석하고 판단하는 것이 일주론이다. 2장에서는 일주의 특성 중 기본 분야인 성정·사회성·이성 인연만 간단히 정리해보려 한다.

일주론의 초점

일주론은 60갑자를 분석하는 것이다. 일간을 중심으로 논리를 전개하고 명을 살펴보기 때문에 60갑자의 분석을 일주론이라고 한다. 일주론은 사주의 주인공인 나를 파악하는 것으로, 사주의 주인공을 잘 파악하는 일은 성공적인 간명의 기반이 된다.

일주론에서는 일간인 천간과 일지인 지지의 관계를 분석하는 데 초점을 둔다. 물론 천간과 지지에 숨겨진 지장간의 관계 역시 일주론의 중요한 요소다.

일주론은 일간이 앉아 있는 지지의 차이로 윤곽이 잡힌다. 천간 갑甲이 앉은 지지가 자子인가 오午인가에 따라, 같은 갑이라 해도 갑자와 갑오의 성격은 판이하게 갈라진다. 이렇듯 일간과 일지, 일간과 지장간 관계의 분석을 통해 60갑자의 특성을 살펴볼 수 있다.

분석 요인은 여러 가지가 있다. 우선 오행이다. 일지 오행이 천간 오행을 생·극·제·화하는지 살펴보아야 한다. 생하면 일간의 기운은 당연히 강해진다. 지지오행의 한난조습도 살펴야 한다. 일간이 뜨거운데 일지도 뜨겁거나, 일간이 축축한데 일지도 축축하다면 일주는 편한 상황이 아니다. 일간과 일지가 같은 오행이면 고집이 세다는 간여지동이 된다. 지장간 오행이 일간의 뿌리가 되는지도 보아야 한다.

그리고 일간이 앉은 10성을 분석해야 한다. 10성의 분석에는 당연히 지장간의 분석도 포함된다. 건명의 일지가 재성, 곤명의 일지가 관성이면 일단 배우자 운이 있다는 게 일주론의 분석 방식이다. 지장간의 10성은 일간의 속성을 보여주는 요소다. 예를 들어 지장간의 성분이 재성·관성·인성이라면 일주론에서는 일간이 매우 좋다고 본다. 곤명의 경우 지장간에 관성과 식신이 있으면 관식동림官食同臨이라 하여 아이를 낳은 후 부부 사이가 불미해진다고 보는 것도 일주론의 하나다.

일간이 앉은 일지의 12운성과 12신살도 일주론 분석 요소다. 또한 일주의 자형字形도 일주론 분석 요소다. 을축乙丑, 기사己巳 등의 일주는 천간과 지지가 모두 곡각이다. 또 갑오甲午, 신미辛未 등의 일주는 천간과 지지가 모두 현침이다. 일주 곡각, 일지 현침은 신살로 작용한다고 본다.

일주의 신살도 일주론 분석 요소다. 일주론에서는 무술戊戌·경진庚辰 등의 괴강살 외에도 탕화살·백호대살·효신살 등 여러 신살도 살펴 일주의 특성을 구체화한다.

2부 일주 간명 **2**

60갑자 간명

갑자

성정

천간 갑의 음양오행은 양목으로, 하늘 높이 우뚝 솟는 나무라서 강건하고 견고하게 생장한다. 자는 수다. 목이 수의 생을 받으니 갑자甲子는 동량棟梁지재다.

지지 자는 정인이다. 자의 지장간 임은 편인, 계는 정인이다. 지지와 지장간 모두 인성이다. 따라서 일간 갑목은 당연히 모친의 영향력을 많이 받게 된다.

갑자인은 단단하고 강하다. 건명은 대체로 출중하고, 곤명은 대개 부유하고 현명하다. 사람을 위하는 품성이 있고, 박애와 측은심이 많다. 외로운 사람을 돕는 마음이 있으며, 타인에게 원한을 남기지 않고, 설령 원수를 만나더라도 관대히 용서한다. 잔혹한 일을 하지 않고, 평생 횡액을 만나는 일이 별로 없다. 내적 수양과 고상한 기질을 중시하며, 거친 무리와의 교제를 싫어한다. 부동산 구매에 관심이 많지만, 집착하지는 않는다.

그러나 갑자인은 지지와 지장간이 모두 수로 구성되어 수다목부 현상의 영향도 받게 된다.

사회성

개성이 강하고 패기가 있다. 일할 때 두뇌가 뚜렷하다. 복잡한 것을 간단하게 하는 것을 좋아한다. 정밀성은 부족하지만, 진취성이 있고 목표가 확실하다. 다만 생각이 천진난만해서 실제와 부합하지 않는 경우도 있다.

일을 할 때는 앞으로 나아가기만 하지 물러서는 법이 없어서 업무 발전에 장애가 된다. 많은 노력이 필요하고, 비교적 장기간 투자해야 성공할 수 있다.

체면을 중시하기 때문에 될수록 자신의 결점을 감추려고 한다. 이러한 개성을 정상적으로 이용하면 노력이 사업의 성공으로 이어질 수 있다. 하지만 변칙적으로 허위나 사기의 길로 들어가면 한번에 무너질 수 있다.

이성 인연

갑자인은 목욕 도화에 앉아 있다. 목욕 도화는 정욕의 의미가 있어서, 건·곤명을 불문하고 도화의 운이 왕하다. 대개 성행위에 개방적인 태도를 갖는다. 만일 정상적인 애정이 없다면 정욕을 잘 통제하지 못하기 때문에 곤란해지고 번민이 그치지 않는다. 갑자인은 일반적으로 음주를 좋아한다. 술의 힘을 빌려 외로움을 달래도 외롭다고 느낀다. 갑자인은 개인적인 매력을 발휘할 줄 안다. 남성은 외형상 몸매가 빼어나거나 유행에 맞는 옷차림으로 다닌다. 여성은 섹시한 옷을 입는 활달한 성격이거나 미모가 뛰어나다.

을축

성정

천간 을의 음양오행은 음목이다. 성질은 음하고 유하여, 등나무 덩굴처럼 유연하지만 질기다. 축은 습토에 속한다. 을축乙丑 명격은 목극토의 상이지만 유정한 상극 관계다.

을축은 자형상 간지 곡각이므로, 하체 단련에 힘을 써야 할 것이다.

을축의 성질은 비교적 보수적이고 온화하다. 다만 개성상 모순된 구석이 많다. 타인이 분명하게 알도록 하는가 하면, 도대체 무엇을 생각하는지 모르게도 한다. 사심은 없지만, 조금 우쭐대고 싶어 한다. 겉으론 겸손하지만, 내심으론 욕망이 강하다. 의지는 강하지만 적극적이지는 않다. 늘 복합적으로 생각한다. 실현되지 않은 상황에 대해 망상하는 일이 많다. 패배를 승복하지 않는 까닭에 승리할 수 없으면 스스로를 압박한다. 생각이 너무 많기 때문에 조울증에 빠질 수 있다.

사회성

경각심이 높다. 때로 행동이 유별나서 대중의 감각과는 다르다. 젊어서 일정 기간 가출하거나, 두려움 없이 일에 대드는 식이다. 기본적으로 지적 재능이 좋다. 지지가 습토인 축이므로 사주에 화가 있어야 좋다. 화가 없으면 일에 큰 뜻도 없고, 시작하기를 두려워한다. 을축인은 재성에 앉아 있기 때문에 상업에 종사하면 자신의 노력으로 성취할 수 있다. 친족 어른으로부터 의외의 도움을 받을 수도 있다.

이성 인연

을축인은 육체적 감각이 민감하고, 욕망도 강하다. 질투심도 강하고, 의심도 많다. 건명은 자신의 신체·처자·재물을 중시하며, 배우자를 극진히 대한다. 배우자의 가정 배경도 괜찮아서 사업 발전에 도움이 된다. 다만 배우자의 간섭과 억제에 직면하는 경우가 많다. 그러므로 서로 이해심이 필요하다. 곤명은 현모양처형이며, 혼인 문제로 걱정할 필요는 없다. 건·곤명 모두 비대칭 인연이 좋다. 비대칭 인연이란 곤명이 연장자이거나 결혼 경험자 또는 외국인을 만나는 경우 등을 말한다.

병인

성정

천간 병의 음양오행은 양화로, 작렬하는 태양의 화에 비유할 수 있다. 그래서 비교할 수 없을 만큼 강력한 열과 빛을 발산한다. 양陽, 강剛, 열烈이 지극하므로, 암흑을 밝게 비춰줄 능력이 있다. 어떤 시련에도 굴하지 않는다. 지지 인은 목에 속하며, 다량의 장작에 비유할 수 있다. 병화가 작렬하는데 땔감으로 연소를 더하는 격으로 목화통명木火通明의 상이다.

병인丙寅 명격은 생활 정서를 중시한다. 예민한 성격이다. 철학·심리학·점복술 등 대중성이 떨어지는 학문을 편애한다. 친구에게도 열중한다. 많은 시간을 학습과 생활 즐기기에 투입한다. 고급스러운 생활 취미를 고집하지는 않지만 저급은 배척한다. 특히 생활 물품은 그렇다. 천성적으로 매우 복잡한 기기를 기피한다. 대개 일체화된 설비를 택한다. 자신이 산 물건에 대해서도 잘 알지 못한다.

지지의 성격이 역마성이라 늘 바쁘게 움직인다.

사회성

병인인은 급진적이고 적극적이다. 권위가 있다. 불요불굴이다. 일 처리는 광명정대하고, 마음은 간교하지 않다. 일할 때 돌출적인 발언을 자주 하지만, 자신의 표현을 마음에 두진 않는다. 참여는 하지만, 순위나 득실을 계산하지 않는다. 자아중심적인 의식이 강하다. 함부로 남을 침해하지 않으며, 타인이 자신을 침해하는 것도 허용하지 않는다. 사소한 일에 구애받지 않는다. 이상과 원대한 꿈이 있다. 권력욕은 강하지 않지만 명성과 자주권을 중시한다. 타인이 명예를 침해했다고 느끼면 강력하게 반발한다. 때로는 포악한 성격으로 보일 수 있다.

이성 인연

건·곤명을 불문하고 배우자의 도움과 지지를 받는다. 배우자에게 정성을 다한다. 도화운이 왕성하여 아름답고 훤칠하지 않더라도 매혹적인 기질을 발산한다. 인연이 좋다. 감정이 풍부하다. 낭만적이고 다정하다. 사랑을 추구하는 사람을 만나면 마음이 동해 상대를 받아들이기 쉬워서, 이미 교제하는 사람이 있더라도 다른 사람의 구애를 받아들일 수 있다. 그래서 의지가 강하지 않다면 스캔들이 끊이지 않을 수 있다. 애정이 불안정해지면 감정이 쉽게 변한다. 혼전 동거를 생각하는 경향이 많다. 일생 동안 감정의 변화가 비교적 많다.

정묘

성정

천간 정의 음양오행은 음화에 속한다. 촛불의 불과 같다. 불의 세력은 안정적이지만 맹렬하지 않다. 빛은 환하지 않지만 주위를 밝히는 데는 무난하다. 지지 묘는 목이다. 천간 정화와 지지 묘목의 배합은 목생화의 형상이다. 정화는 묘목이 연소한 덕분에 본래의 화력이 증강될 수 있다. 하지만 묘목이 습목이고 풀이라 화력이 강할 수는 없다.

정묘丁卯 명격은 결단력이 부족해서 처사 역시 우유부단하다. 지나치게 이해득실을 따지기 때문에 기회를 놓치기 쉽다. 외모와 태도는 품위가 있다. 동료·친지와 관계가 소원하다. 말하고 대화하는 것을 싫어하며, 타인에게 관심을 갖는 것도, 타인의 관심을 받는 것도 원하지 않는다. 사교 활동에 참여하는 것도 싫어한다. 하지만 부모와는 세대차가 없다. 효도에 그치지 않고 관계가 절친한 친구와 같다. 친척·선배의 도움을 얻을 수 있다. 성격은 민감하고 내향적이며 의심이 많다. 행동은 느리고, 생각은 세밀하다. 뜻밖에 강대하고 순간적인 폭발력이 있을 수 있다. 성격이 신경질적이이어서, 자질구레한 일을 끊임없이 걱정하기 쉽다. 마치 한이 맺힌 듯하다. 타인이 보기에 행동이 괴이하다. 무리를 이루지 못하고, 대중과 같은 감각을 갖지 못한다.

사회성

정묘 명격은 이해력이 강하다. 정통적인 사고방식과는 늘 다르게 생각한다. 특히 특수 분야에 대해서는 특별한 이해력이 있어서, 술수·새로운 과학·전문 기술·특수 기능·비주류 학문 등에 뛰어나다. 사물에 대한 감수성이 예민하다. 관찰을 좋아하며, 사람을 세밀하게 살핀다. 경각심이 높다. 일을 할 때 심사숙고한다. 비밀을 잘 지킨다. 예상을 뛰어넘는 특이한 생각을 하기 때문에 세속과 어울리지 않는다. 때로는 재주를 앞세워 오만해지기도 한다. 일을 할 때 독단적일 때가 자주 있다. 쓸데없이 혼자 서둘러서 몸도 마음도 고되다. 많은 공부에 비해 이루는 게 적다. 인내심이 부족하고, 생각이 불안정하며, 대인 관계가 소원한 점 등을 반드시 고쳐야 한다. 남의 눈치를 살피는 법도 익혀야 한다.

이성 인연

정묘 명격은 건·곤명을 불문하고 배우자의 사랑을 받으며, 자신보다 배우자를 더 생각한다. 대개 외형적으로 매력적인 배우자를 찾는다. 곤명은 온유함을 바탕으로 귀하게 된다. 명격상 힘이 넘치고 막무가내인 병인보다는, 정묘 곤명의 혼인운이 낫다. 재정 지원을 해주는 남편을 만날 수 있고, 남편 복을 누릴 수 있다. 가계에 어두운 그림자가 없다. 다만 일주가 병病에 앉아 체질이 비교적 약하다는 점을 유의해야 한다. 자신과 배우자의 건강에 신경 써야 한다.

무진

성정

무는 음양오행으로 양토에 속한다. 매우 단단한 바위, 높은 산으로, 견고하며 잘 무너지지 않는다. 고지에 위치하여 군림하며 조금도 흔들리지 않고 확고하다. 지지 진 역시 양토에 속한다. 토가 중첩되어 토의 과중 현상이 생긴다.

무진戊辰 명격은 대단히 완고하고 집착하는 특성이 있다. 품격을 중시한다. 타협하기 쉽지 않다. 곤란을 당할 경우 초조하고 불안해하며 정신적으로 심하게 압박을 받는다. 스스로를 막다른 골목에 몰아넣기 쉽다. 본질적으로 은인자중형으로, 진실하고 남을 속이지 않는다. 중심을 잡는다. 명예를 중시하지만, 물질에는 마음이 흔들린다. 괴팍하다. 사람을 관리하는 것도, 관리당하는 것도 싫어한다. 일을 소홀히 하는 것도 싫어한다. 활기가 떨어지더라도 몇 가지 작은 일을 하기를 원한다. 믿을 만한 사람이다. 전체적으로 타인에 대한 반응이 느리다. 잘못을 잘 인정하지 못한다. 수구적인 행태도 고집이라고 착각한다.

사회성

업무 처리가 온건하고 원칙적이다. 곤경을 만났을 때도 부응할 수 있다. 승낙을 중시한다. 신용을 지키므로, 신뢰할 수 있는 근로자다. 친구들을 잘 보살피지만, 인정이 많기 때문에 타인을 돕느라고 곤란을 당할 수 있다. 동시에 허영심도 있다. 때로 눈은 높고 손은 낮아 소탐대실의 함정에 빠질 수 있다. 또한 고집이 강해 일할 때 타인에게 메마르다. 명령을 내리길 좋아한다. 진·술·축·미월생은 특히 고집이 세지만 업무 능력은 좋다. 목표 달성의 재능이 있다.

이성 인연

건·곤명을 불문하고 자신의 성격과 비슷한 이성을 만나기 쉽고, 몸매가 아름다운 사람과는 인연이 적다. 도화운이 왕성하다. 다만 인연은 다양하게 나타난다. 건명은 사람을 잘 홀리기도 하지만, 유혹을 당하기도 잘한다. 의지가 강하지 않으면 스캔들이 그치지 않기 쉽다. 애정운이 불안정하다. 가장 나쁜 점은 45세 이후에도 여전히 이런 운세가 작용할 수 있다는 것이다. 45세 이후 진해에는 특히 조심해야 한다. 그래도 인연운 자체는 나쁘지 않다. 처자의 도움도 얻을 수 있어서, 사업은 결혼 후 처자의 도움을 얻는다. 곤명은 명격상 토의 과중으로 성격이 완고하고 보수적이라 인연길이 쉽지 않다. 좋아하는 상대를 만나는 기회가 있으면 반드시 잡아야 한다.

기사

성정

천간 기는 음양오행으로 음토에 속한다. 습기를 가진 토양으로 볼 수 있으므로, 안에 수분을 함유하고 있다. 지지 사는 화다. 기사己巳 명국은 화가 토를 덮어 생하는 상이다. 음토인 기토와 화기가 왕한 사화가 만나 수기가 감경되며 시멘트처럼 변한다. 비교적 안으로 숨기는 성격이다. 본질은 저조은장低調隱藏이다. 하지만 때로는 화가 폭발하는 패기가 있다.

특히 음토월(축·미월)생은 은폐하고 수장하는 개성이 명확하다.

기사 명국은 저장하는 성격으로 자아중심적 경향이 있다. 내성적인 성격으로 혼자 있기를 좋아한다. 사람을 가리고, 대중적이지 못하다. 때로 불같이 뜨거운 패기도 드러난다. 하지만 자폐 성향으로 나타나 잘못되면 형옥을 당할 수 있다.

사회성

성격이 강직하고 자존심이 강하다. 본질은 안으로 저장하는 조용한 성격이다. 자신의 방식과 표현에 집착한다. 부단히 완벽을 추구한다. 때로는 자폐 성향도 있다. 전체적으로 사고형이다. 변절도 하지 않지만, 복종도 하지 않는 굳센 의지가 있다. 권위가 있다. 충절이 있다. 타인의 뒤에 있기를 싫어한다. 타인을 중시한다. 특히 자신의 말에 긍정하고 따르는 후배를 중시한다. 타인의 질투와 시기를 받기 쉽다. 소인이 되기 쉽다. 다방면으로 적을 만들기 쉽다. 겉으로 사실이나 본질을 파악하지 않는다. 자신의 독자적인 사고법을 고수한다. 편집적인 사고로 내달리기 쉽다. 자주 우울증에 빠지기 쉽다. 우울한 감정을 해소하는 방법을 익힘으로써 성격상 결함을 완화해야 한다. 융통성·신축성을 갖추어야 대성할 수 있다.

이성 인연

건·곤명을 불문하고 자아중심으로 출발하기를 좋아한다. 주관적인 경향이 강하므로 늘 타인과 분쟁을 일으킨다. 이러한 성격 탓으로 기사인은 인연길이라고 생각하더라도 대개 장애를 만나게 된다. 감정운은 매우 좋지 않다고 할 수 있다. 건명은 난봉 사주로 평가된다. 곤명의 인연길은 더 좋지 않으며, 명격상 혼인 생활이 잘 풀리기는 어려운 면이 있다. 혼인해도 공방을 만나게 될 가능성이 있다. 성격을 고치지 않으면 혼담의 진행부터 어렵고 혼인길도 어렵다.

경오

성정

천간 경은 음양오행으로 양금에 속한다. 통상 경금으로 칭한다. 오행 중 금은 의를 대표한다. 따라서 경오庚午인은 위엄 있고 씩씩하다. 경금의 성질은 굳고 단단하다. 강철 도끼처럼 파괴력이 강하므로, 서로 부딪치면 반드시 손상이 일어난다. 지지 오는 화에 속한다. 화는 금을 녹일 수 있다. 화는 금을 극제하고 제련하는 능력이 있다.

경오 명격은 과단성이 있지만 무모하게 대들지는 않는다. 의기를 중시한다. 강한 권력을 두려워하지 않는다. 대개 중인의 성정이다. 친구를 위해 어디에서든 물불을 가리지 않는다. 하지만 의외로 소심하고 우아한 일면도 있다. 다만 베푸는 일에는 매우 인색하다.

사회성

조리 있게 일을 처리한다. 일을 급하게도, 느리게도 하지 않는다. 번잡한 일을 간단하게 하는 것을 좋아하지만, 세밀하지는 않다. 기율을 매우 중시하는데다 관성에 앉아 있기 때문에 정부나 큰 조직에서 일하면 매우 좋다. 감각에 의존해 일하기 쉽다. 하지만 나중에 후회할 수 있다. 과시하기를 좋아한다. 강건하고 과단성 있게 일하듯이, 말도 많고 일도 많이 한다. 과시가 반드시 일을 망치는 것은 아니다. 상당수가 고학으로 출세한다. 예술·문학·역사·철학·의학 등의 영역이 비교적 좋다. 종교와의 인연도 있다.

이성 인연

명 중 목욕·칠살·도화가 같이 있다. 애정이 희로애락을 완전히 지배할 수 있다. 연정의 마음을 보이면 운세가 순조롭게 간다. 묘년에 도화가 왕성하다. 경오인은 낭만적인 정서가 있다. 매력을 발휘하는 포인트를 안다. 외형상 곤명의 다수는 미녀다. 건명은 신체가 뛰어나거나 유행에 맞게 옷차림을 하고 다닌다. 사랑하는 사람이 자신에게 넋 놓을 정도로 빠지고 자신을 꿈속의 연인이라고 생각한다고 믿는다. 곤명은 자신을 돕는 관성이 배우자성이므로 감정상 개방적이라 해도 실제로는 전통 관념이 강하다. 고집이 있다. 남성이 진실하지 않은 태도를 보이면 이루기가 어렵다. 경오 곤명은 정상적인 혼인 배우자를 택할 수 있다. 자신보다 1~4세 나이 많은 배우자라면 더욱 좋다. 건명은 외모가 단정하고 솔직담백한 배우자를 추구하는 경향이 있다. 현모양처형이다. 경오인은 애정 소유욕이 있다. 정욕도 강하다. 감정상 개방적이다. 동거 후 결혼하는 일이 많다. 다만 사주에 수가 없으면 성격이 보수적이기 때문에, 정상적인 애정으로 성욕이 발산되지 않으면 정욕 통제로 인한 우울증이나 번뇌에 빠지게 된다.

신미

성정

천간 신의 음양오행은 음금에 속한다. 신금은 음하고 부드러운 금을 상징하며, 그릇 장식용의 금과 같다. 하지만 신금은 숙살지기肅殺之氣의 기운이 있다. 지지 미의 오행은 토다. 미토는 마른 땅인 조토라 신금을 생왕하기는 어렵다. 신미辛未는 간지가 현침이다.

신미 명격의 성정은 매우 날카롭고 차갑다. 숙살지기인 신금과 간지 현침이 작용하기 때문일 수도 있다.

신미 명격은 자유자재로 활동하기를 좋아하지만, 조작 욕심을 버리지 못하는 특성이 있다. 침범성도 강하다. 피 보기를 두려워하지 않는다. 혐오하는 일에 대해서는 공격성이 매우 강하다. 마음이 안정되지 않으면 우울증의 경향도 나타난다.

체면을 중시하지만 일 처리는 대범하다. 대인 관계가 원만하고 감정을 중시하기 때문에 타인과 융합할 수 있다. 타인의 영향을 받기 쉽다. 마음속으로 타인의 칭찬과 환영을 좋아하지만, 강한 자존심도 갖고 있다. 자존심은 후에 복수심으로 작용하기도 한다. 심지가 굳지 못한 경우 허영심을 갖게 된다.

사회성

인적 관계가 괜찮다. 말도 잘한다. 예술성도 있다. 힘든 것은 피하고 쉬운 것을 골라서 한다. 타인에게 싸움을 걸지 못한다. 명 중 선배 귀인이 많다. 의외의 조력이 있으며, 늘 타인의 가호를 받는다. 그래서 의뢰성이 생기기 쉽다. 주동성이 부족하다. 자신의 주관을 잃는다. 생각만 할 뿐 실행하지 않는다. 열심히 하지 않는다. 노력도 하지 않으면서 성공할 수 있다는 생각을 고쳐야 한다. 토가 많으면 결단력에 영향을 받는다. 을목에 속한 사람을 만나면 서로 도우므로 일의 추진력이 배가되고 성취하게 된다. 단, 갑목의 사람을 만나면 갑목은 양이기 때문에 도움을 받지 못한다. 신미인은 체면을 중시하기 때문에 유혹에 빠져 일을 망치는 경우도 있다. 반드시 수시로 자신을 다그쳐야 한다. 곤명은 더욱 조심해야 한다. 타인에게 노리개로 이용되기 쉽다.

이성 인연

상대를 찾는 데 소극적이다. 대개 상대가 주도적이거나 친구가 다리를 놓아주어야 감정 전개가 이뤄진다. 인연운은 괜찮다. 특히 오午해의 혼인운은 왕성하다. 이성의 가호가 있다. 배우자의 관심과 사랑이 훨씬 크다.

곤명은 대개 피부가 하얗고 용모가 좋아서, 구애자가 적지 않다. 다만 본성적으로 명예와 지위를 중시하기 때문에, 배우자 대상에게 가정 배경은 물론 경제 능력과 명예와 지위도 요구한다. 타인에게 허영심을 추구하는 사람이라는 인상을 주기 쉽다. 실제로는 곤명은 현모양처의 성격을 갖고 있다. 결혼 후 생활은 즐겁고 배우자와의 관계도 좋다. 신미의 미는 인성이지만, 미의 지장간 정은 편관, 을은 편재, 기는 편인으로 지장간에 재관동림財官同臨이 있다. 곤명의 재관동림은 혼전 자녀의 가능성이 있다. 신미는 간지 현침으로 의처증·의부증이 나타날 수 있다.

임신

성정

천간 임의 음양오행은 양수에 속한다. 망망대해와 같아서, 때로는 바닷물처럼 위력이 엄청나다. 지지 신은 금에 속한다. 임수가 신금의 생을 받는다. 명격상 임수가 편인에 앉아 있고, 수의 세력이 왕성해 자유롭게 사고한다. 수는 지혜를 대표하며, 지혜의 원천으로 볼 수 있다.

신금의 명격은 주관적이지만 자유를 숭상한다. 구속받기를 원치 않는다. 마음 내키는 대로 한다. 외향적이고 열정적이다. 성격이 낙관적이다. 돌아다니기를 좋아한다. 사람에게 충만한 생명력의 감각을 준다. 친절하게 사람을 대한다. 마음이 착하다. 인연 역시 좋다. 다만 때로는 타인에게 양해하지 못한다. 인연이 좋다고 해도 소인배는 만나지 않는다. 임신壬申인은 기지가 있고 총명하다. 비교적 섬세하게 일한다. 독서운이 괜찮다. 대개 학력이 매우 높다. 사주에 충·형이 없으면 반드시 학력이 높다. 충·형이 있고 학력이 높지 않더라도 학문을 대할 수 있다. 과학·기술·기능에서 능력이 좋고 문필도 유창하다.

사회성

총명·민첩하고 이지적이다. 지모가 있다. 일하는 데 조리가 있다. 위급한 때라도 질서 있고 정연하게 일할 수 있다. 심지가 깊고 사려 깊다. 열악한 환경을 타파하는 데 용감하다. 간난을 두려워하지 않는다. 기회 파악을 잘한다. 때로는 타인에게 거짓말을 잘한다는 인상을 주는데, 성격이 변덕스럽기 때문이다. 감정적으로 일을 할 때도 있다. 상대의 사정에 전혀 아랑곳하지 않고 일할 때도 있다. 다만 실행을 결정할 때는 '내일은 없다. 당장 처리하고 만다'는 극단적 사고가 잠재되어 있다. 전체적으로 일 처리에 안정성이 부족하다. 일할 때 전진은 잘하지만 후퇴는 잘 못한다. 난관을 만나면 물러나지 않고 다음 결단을 찾는다. 자신을 개선할 수 있으면 사람과 사물을 의심하는 데 그친다. 하지만 개선이 쉽지 않은 굴강의 성격이다. 형세를 분명히 파악하고 변통을 적절히 하는 학습을 해야 한다. 자신도 성공을 이룰 뿐 아니라 타인을 보좌할 능력이 있다.

이성 인연

일반적으로 용모가 단정하다. 외향적이다. 생각도 개방적이다. 성을 중시하고 정을 경시하는 가치관을 갖기 쉽다. 하지만 생각과 언행은 성숙하고 노련하다. 감정을 드러내지 않는다. 비밀 보호도 잘한다. 따라서 이성이 안정감을 갖게 하는 능력이 있다. 건명은 혼인 생활 중 안정성이 부족해도 대개 책임을 떠넘기지 않는다. 전체적으로 행복한 혼인 생활을 유지할 수 있다. 건명에게는 연상의 여자가 좋다. 곤명은 대개 사랑이 오래간다. 취미가 다양하고 활동적이기 때문이다. 이성의 환영을 받고, 구애하는 사람이 끊이지 않는다. 상대가 더욱 사랑하고 정성을 다한다. 다만 곤명은 조혼은 좋지 않다. 30세 이후에 혼인하거나 비대칭 결혼이 낫다. 배우자가 연령이 10세 이상 차이나거나, 이미 결혼 경력이 있거나, 상처했거나, 타 지역 사람인 경우 등이다. 외국인과의 인연은 발전 가능성이 더 크다.

계유

성정

천간 계의 음양오행은 음수에 속한다. 비와 이슬과 같아서, 만물을 충분히 적실 수 있다. 지지 유는 오행 금에 속한다. 계수가 유금의 생을 받는 상이다. 명격상 계수가 편인에 앉아 있고 금생 수왕이기 때문에, 계유

癸酉인은 감각이 매우 민감하고 생각이 세밀하다. 처사가 매우 신중하고 잘못을 거의 저지르지 않는다.

학업 성적이 좋다. 정적이고 우아하다. 종교·예술을 좋아한다. 문인적 특성이 있다. 다만 술수·과학 기술·기능 등 비주류 학문을 좋아한다. 특수 영역에서 상상력이 풍부하다. 생각하기를 좋아하고, 말하기를 싫어한다. 수많은 문제를 생각하고, 독특한 견해를 피력하곤 한다. 사고방식이 일반인과 다르다. 성격상 타인의 의견을 반박하지는 않지만 타인의 의견을 받아들이지 않는다. 타인을 인정하고 이해하지 않는다. 다행히 대인관계에서 친절하고 세밀하다. 인연은 크게 나쁘지 않다. 연상의 여자와 관계가 이뤄진다. 체질이 비교적 약하고, 일하는 데 마음이 오락가락하기 때문에 타인을 피곤하게 하며, 정도의 감각으로 가지 않는다. 사물에 대해 민감한 감수성이 있어서 대중과 다르다는 느낌을 갖게 한다. 생각이 비상하기 때문에 타인이 이해하기 어렵다. 앞장서 나가기 쉬운데, 자신은 모른다. 우울증 등 심리적 문제에 빠지기 쉽다.

사회성

명에 목욕도화를 갖고 있다. 나체도화라고도 한다. 인연운 외에 정욕·정사·외도 등도 있다. 애정이 개인의 정서와 운을 완전히 통제한다. 감정생활이 유쾌하면 운세가 순조롭고 강해지고, 일도 봄바람에 물오른 나무와 같다. 반대로 정이 뜻대로 되지 않으면 뜻을 상실하고 완전히 무너진다. 따라서 사업에 성공하려면 자신에게 영향을 주는 도화를 주의해야 한다. 성공하려면 반드시 많은 사람과 교류해야 하고, 정적인 성격과 고독주의를 고쳐야 한다. 실적 성과를 중시하고, 생각을 더욱 세밀하게 하여 분석한 후 일에 나서야 한다. 모든 일을 심사숙고하고 관찰한 후에 행동하면 감정사로 인해 생각과 생활이 영향을 받지 않을 수 있다. 오늘날 다원화 사회에서 좋은 인연과 교제 능력이 없다면 대개 사업 발전에 어려움을 겪게 된다. 도화를 이용하여 타인의 도움을 얻을 수 있으면 사업상 반드시 발전 잠재력이 있다.

이성 인연

애정 소망 정도가 매우 높다. 애정을 위해 봉사·희생하길 원한다. 소유욕 및 질투심이 강렬하다. 애정 소유욕만 강한 게 아니라 성욕도 강하다. 다만 계유명이 생태적으로 체력이 약하고 병이 많아 적절히 멈출 필요가 있다. 곤명은 가냘프고 가련하게 느껴지며, 보호가 필요하다는 인상을 준다. 늘 많은 남자들이 연애하고 싶어 한다. 건·곤명을 불문하고 물욕과 정신적 교류를 같이 중시해야 한다. 정상적인 인연을 맺기에 적합하다. 건명은 자신보다 1~10세 연하의 배우자, 곤명은 1~10세 연상의 배우자를 얻는 게 좋다. 본질적으로 늘 독특한 견해를 갖고 있기 때문에 배우자가 적절히 타협해야 불필요한 언쟁이 줄고 서로 융합할 수 있다.

갑술

성정

갑은 양목, 술은 토에 속한다. 명격은 목극토의 상이다. 술은 열이 나 마르고 딱딱한 땅이라 나무가 생장하고 안정할 방법이 없다. 갑술甲戌인 명격은 안정성에 문제가 있다.

인사 변화를 마음에 두고 있다. 마음이 비교적 편향적이다. 좋아하지 않는 사람에게는 트집을 잡는다. 자신의 방식을 고집한다. 타인의 상태를 질투하기 쉽다. 일의 결정을 독단적으로 한다. 조급하게 하기도 하므로 실수하기 쉽다. 일반적으로 지각 능력이 강하다. 자신의 의견에 동조하는 타인, 특히 선배를 중시한다. 남에게 굽히지 않는다. 조작을 잘하지만, 일상적 가사 도구를 중시하지는 않는다. 곤명은 제멋대로의 성격이다. 천성적으로 비관적이지만, 생활은 오히려 괜찮다. 갑술 명격은 팔자에 수가 필요하며, 없으면 생활이 불안정해진다. 사업과 재운 모두 불안정의 문제가 있다. 생활이나 직업의 중압감으로 헐떡이게 되는 일도 있어 위장 장애에 시달릴 수 있다. 다행스러운 점은 물질세계를 중시하더라도 물질에 집착하지는 않는다는 것이다. 이재를 잘하지만 재산을 그다지 중시하지 않는다. 비교적 현실에 만족한다. 태생적으로 무술·체조·무용을 좋아한다. 주식·골동품 등의 수집을 좋아한다. 그러한 활동에 참여하지 않는다면 질 나쁜 기호에 빠지기 쉽다.

사회성

창조력이 있다. 신선한 감각이 있다. 규정을 무시한다. 구속을 싫어한다. 적극적인 성격은 아니지만 자신의 의사를 고집하는 게 갑술인의 특성이다. 우쭐대고 앞장서기를 좋아한다. 심지어 자신이 위인이 된다고 떠벌린다. 특정한 영역에서 일정한 조건을 따라야 발전하고 성공할 수 있다. 일반적으로 편집·정보 정리·예술·조각·정밀 기술·체육 등에 종사하는 게 적합하다. 공간 구조 분석력이 좋아 머릿속에서 입체 도안·측면도·전개도를 그릴 수 있다. 건명은 일생에 여러 번의 기연을 맞는다. 늘 의외의 수확을 얻는다. 돈 또는 여인을 얻기 쉽다. 아울러 실패하기도 쉽다. 일생 동안 의외의 큰 지출을 해야 하는 일이 생긴다.

이성 인연

조모·모친과 친밀하다. 영향도 많이 받는다. 처사는 온화하고 거시적이다. 대국을 고려한다. 다만 형제와는 화목하지 않다. 일반적으로 혼인이 좋지 않다. 곤명은 이성이 맹렬히 달려들 것이라는 꿈을 꾸지만, 대개 자기가 좋아하지 않는 배우자를 만나기 쉽다. 조혼하면 중년에 상부의 변을 당하기 쉽다. 건명은 처자를 통제·관리하길 좋아하지만, 관계는 친밀하지 않다. 갑술인은 비대칭 결혼을 해야 좋다. 선흉후길로 시작해야 한다. 건·곤명 모두 10세 이상의 연상 또는 연하, 결혼 경력이 있거나 사별 경험이 있는 배우자와 혼인하는 게 좋다. 술의 지장간 신은 정관, 정은 상관, 무는 편재로 갑술은 지장간에 관식동림이 있다. 곤명 관식동림은 혼전 임신 또는 자식 출산 후 부부 관계가 불미해질 수 있다.

을해

성정

천간 을은 음목이다. 칡이나 등나무 같은 초목으로, 성질은 음유陰柔하지만 강인하다. 지지 해는 수에 속한다. 을해乙亥 명격은 수생목의 상이다. 동시에 뿌리 없는 초목은 물에 떠다니는 상이다. 개성은 다변하고 일정하지 않다. 선천적으로 예견력과 상상력이 있다. 현학玄學에 대해 타고난 재능이 있고 육감이 강하다. 사물에 대해 고도의 민감성이 있다. 일을 할 때 직관에 의존하기를 좋아한다.

이중적인 성격을 갖고 있다. 말솜씨가 뛰어나고 두뇌 회전이 빠르다. 다재다능하다. 임기응변에 능하다. 타인을 놀라게 하는 일이 많다. 다만 감정 통제력이 부족하다. 외향적 활동을 좋아할 때도 있고, 우수에 빠질 때도 많다. 우유부단하다. 정서 통제에 익숙하지 않은데다 경미한 신경질도 있다. 성정이 안정적이지 못하다. 친구를 사귀기도 잘하고, 잃기도 잘한다. 역마운이 강하다. 정처 없이 떠도는 명격이다. 패배를 절대로 인정하지 않는다. 때로는 맹목적으로 일을 강행한다. 잘못임을 깨닫게 되면 이미 일은 크게 실패한 지경에 이른다.

사회성

총명하고 영리하다. 영민하게 반응하고 고집을 부린다. 기회 포착에 능하다. 겉으로는 유약하다. 실제 일 처리에선 인내력이 뛰어나다. 패배를 인정하기 싫어한다. 질투심이 비교적 강하다. 말 때문에 일이 생긴다. 늘 말을 돌려서 하고 언중유골을 좋아하는데, 인간관계에 적잖은 장애가 된다. 낙관적인 것 같지만, 속으로는 늘 모순된 생각으로 고뇌한다. 재물과 명예를 중시한다. 조작 욕망이 매우 강하다. 소유욕도 강하다. 새로운 것을 좋아하고 묵은 것을 싫어한다. 자신의 이익과 관계되는 일에서는 매우 공격적이다. 금전 처리는 익숙하지 않다. 생활이 곤경에 빠지기 쉽다. 재물을 편하게 대해야 번뇌를 줄일 수 있다. 체질상 박식하고 다재다능하지만 결점도 적지 않다. 자신을 과대평가해 실패를 초래한다. 성공하려면 심성을 수양해야 한다. 뼈 있는 말을 줄여야 명망과 권위를 얻을 수 있다.

이성 인연

일생 동안 분주하게 돌아다닌다. 건명은 감정상 우유부단하다. 새로운 것을 좋아하고 묵은 것을 싫어한다. 하나에 묶이지 않는다. 외형상 속되지 않다. 성격이 온유하다. 늘 이성의 도움을 받는다. 감정적 혼란에 빠지기도 쉽다. 배우자가 누구이건 자신에 대한 통제가 많다. 결혼 후에는 늘 친구의 일에 대해 처에게 의견을 구한다. 이성에게 명랑하고 다정하지만, 처자에게는 일정하지 않아서 결혼에 불리하다. 곤명의 성격은 음하고 유하지만, 결단력이 비교적 약하고 의뢰하는 성격이다. 자녀운도 박약하다. 특히 해월생은 출산 시 곤란을 당하기 쉽다.

병자

성정

천간 병은 양화에 속한다. 엄청난 열과 빛을 발산하는 태양에 비유된다. 세상 만물을 비춰줄 수 있다. 지지 자는 수에 속한다. 병자丙子 명격은 수극화의 현상을 함유한다. 명격 중 맹렬한 화염과 강대한 수력이 동시에 나타난다. 불이 꺼지는 것을 피할 수 없다. 크게 감소하고 약해지는 상황을 면하기 어렵다.

병자인은 일반적으로 공경심이 있고 겸손하다. 말이 매우 빠르다. 일처리도 빠르다. 품질을 중시한다. 연구심이 강하고 지식욕도 있지만, 성격상 현상에 안주하는 경향이 있다. 비교적 득실을 따지지 않는다. 대단한 지식인 부류이지만, 어리석다면 자중자애하는 사람이다. 청년기에는 몸이 약하지만, 나이가 들수록 신체가 건강해진다. 다만 체질상 심장의 만성질환을 조심해야 한다. 건강이 좋아졌다고 해이해져서는 안 된다. 법을 지키는 사람이다. 책임감도 있고 양심도 있다. 기율을 중시한다. 사회 여론과 단체의 결정을 중시한다. 군중이나 부하의 신임을 얻는다. 명망이 높다. 사람을 대하는 데는 정서적 경향이 강해 탄력성이 부족하다. 인간관계로 본다면 친구를 잘 얻지만, 지기를 얻기는 어렵다고 할 수 있다.

사회성

책임감이 있다. 보수적이긴 하다. 적극적인 성격이지만 비교적 현상에 만족한다. 일 처리는 순서대로 하나씩 착실하게 진행한다. 급진적인 수단을 혐오한다. 생활과 업무의 중압감에서 벗어나 숨을 돌릴 수 있다. 정관을 깔고 앉은 운이라 사업운은 늘 괜찮다. 정부 업무에 종사하거나 큰 조직에 몸담을 수 있다. 벼슬운도 좋다. 오로지 주의할 것은 보수적인 성격 탓에 일이 유시무종有始無終이 될 수 있다는 점이다.

이성 인연

건명은 외모가 준수하기 때문에 연애의 기회를 놓치지 않는다. 특히 세운에 도화운이 왕성하다. 감미로운 연애에 빠지기 쉽다. 다만 이성 관계가 편안하지는 않다. 현숙하고 복덕 있는 처자를 만나기 쉽지 않다. 혼인운을 개선해야 하고, 반드시 정상적인 생활의 길로 가야 한다. 곤명도 세운에 도화운이 왕성하다. 스스로 정관을 돕는 형상이기 때문에 재능 있는 남자를 만날 기회가 많다. 사회성도 좋다. 감정 발전의 기회도 있다. 곤명은 자신보다 1~10세 많은 남성을 배우자로 하는 게 좋다. 곤명의 대다수는 첫째 아이가 딸이다. 건·곤명을 막론하고 배우자와의 관계는 비교적 열악하다. 성격이 급하기 때문에 배우자와 일상적으로 충돌하기 쉽다. 늘 작은 말다툼이 있고, 서로의 감정을 자극한다. 이러한 점을 유의해

소통하고 포용하지 않으면 부정적인 여파를 피하기 어렵고, 결국 갈라서는 결과에 이를 수 있다.

정축

성정

천간 정은 음화에 속한다. 촛불의 불과 같다. 화세가 은은하고, 맹렬하지 않다. 강렬하지는 않지만 주변을 밝히기엔 족하다. 지지 축은 토에 속한다. 정축丁丑은 명격에 화생토의 상을 갖고 있다. 정화의 화력은 강하지 않다. 화염토조에 이를 수는 없다. 생왕의 이미지가 있다.

정축인은 대체로 이성적이다. 일 처리가 조리 있고, 솜씨가 있다. 동시에 신경질도 있다. 의심도 많다. 늘 민감도가 지나쳐 자질구레한 일에도 근심한다. 남모르게 개성을 드러낸다. 제멋대로 행동한다. 통제당하는 것을 싫어한다. 때로 모험적으로 투기하는 성향도 있다. 혼자서 한다. 결과에 아랑곳하지 않는 점을 반드시 유념해야 한다. 대개 빈궁하게 되는 경향이 있다. 폭음과 폭식으로 건강을 해치기 쉽다. 음식을 절제할 필요가 있다. 갑목·을목의 해에 귀인운과 재운이 있다. 거액의 유산을 받게 되는 경우도 있다.

사회성

사업은 비교적 세심하게 처리할 수 있다. 조직 능력이 강한 부류에 속한다. 재운 역시 괜찮다. 전문 영역에 종사하는 것이 적절하다. 많이 일하고 많이 얻는 업무 역시 적합하다. 사업상 발전운도 나쁘지 않다. 재정 역시 넉넉할 것이다. 업무상 가혹한 선배나 상사를 만나기 쉬운데다 통제받기를 싫어하기 때문에 마찰을 면하기 어렵다. 자신보다 젊은 후배와 어울리는 편이 낫다.

이성 인연

공정하게 일을 하고 법을 지킨다. 대개 보수적인 경향이다. 친족 관계는 소원하다. 많이 어울려야 감정이 좋아질 수 있다. 배우자와의 소통 역시 그런 경향이 있다. 부부 관계는 비교적 담백하다. 각종 오해가 생기기도 쉽다. 다행스럽게도 대개 자질구레한 것을 놓고 말다툼하므로 혼인 관계에 크게 영향을 미치지는 않으며, 감정 파열까지는 이르지 않는다. 대다수의 배우자는 악처 또는 거친 남편이라 해도 서로 양해할 것이다. 바람직한 혼인을 생각한다면 건·곤명을 불문하고 비대칭 결혼을 하는 게 좋다. 건명은 자신보다 10세 이상 젊거나 연상의 배우자를 얻고, 곤명은 자신보다 10세 이상 나이 들거나 연하의 배우자를 얻는 게 좋다. 건·곤명 모두 결혼 경력이 있거나 상처의 경험이 있는 사람 또는 외국인과 혼인하는 것도 비대칭 결혼이다. 정축인의 혼인운은 자子해에 비교적 왕성하다. 건명은 사업상 지위가 있는 곤명의 도움을 얻을 수 있다.

무인

성정

천간 무는 양토에 속한다. 견고한 암석, 고산의 진흙과 같이 견고하며 부서지지도, 움직이지도 않는다. 지지 인은 목에 속한다. 따라서 무인戊寅의 괘상은 토가 목에 극을 당하는 형상이다. 하지만 산꼭대기 바위에 커다란 나무가 고고하게 서 있는 것으로도 비유할 수 있다.

온화한 가운데 용맹함을 지닌 성격이다. 현상에 안주하지만 동시에 역경에 대응할 수 있다. 단체 활동을 좋아한다. 말하기를 싫어한다. 동정심은 강하지 않지만 타인을 존중할 줄 안다. 친절하고 타인의 뜻을 잘 이해한다. 인연도 괜찮다. 인정 때문에 곤란을 당할 수 있다. 되지도 않을 일을 하러 간다. 주관이 강하지 않고 귀가 여리다. 결정에 외부의 영향을 받기 쉽다. 소탐대실한다. 일 처리에 좌고우면하기를 좋아한다. 유유자적하지 못한다. 겉으로는 강대하지만, 속은 겁쟁이다. 정신 상태를 굳건히 해야 한다. 정신적인 압력이 심해지면 습관적으로 자기최면이나 환상에 빠져 심신 불안정이 되기 쉽다. 무인인 상당수는 술로 자신을 마취한다. 신체 건강을 주의해야 한다. 무인 건명과 형제, 무인 곤명과 자매의 연분은 비교적 박하다. 평소 떨어져 지내야 감정이 비교적 좋아질 수 있다.

사회성

연구·분석을 좋아한다. 기이한 술법과 학설을 편애한다. 대개 비정통적인 도리와 사고에 따르기를 좋아한다. 반응은 매우 빠르다. 신경과민성이다. 타인에게 질투와 시기의 인상을 주려고 한다. 자유를 존중하지만 적극적이지는 않다. 이상은 높고 학문은 깊기를 바라지만 희망으로 끝난다. 패배를 수용하지 않지만 대응은 비교적 느리다. 늘 생각의 단계에 머문다. 따라서 업무의 효율성도 영향을 받는다. 앞장서기를 잘하지만 생각과 행동을 바꾸지 않는다면 성공에 이르기 쉽지 않다. 용두사미가 되지 않도록 노력해야 한다.

이성 인연

명격에 목극토의 상이 있다. 인연운상 무토의 불량 인소를 감소시켜준다. 건명은 일지가 칠살의 영향을 받기 때문에 배우자 대다수가 자색이 출중하고 신체도 뛰어나다. 생각을 많이 하는 까닭에 명격상 도화운이 들어맞아도 발전할 기회가 있는 인연을 놓치는 경우가 적지 않다. 결혼 후 배우자 대다수가 건명을 매우 통제한다. 곤명은 칠살이 정부·애인이기 때문에 도화운이 많아 적합한 상대를 찾기 쉽다. 묘해에 도화운이 왕성하다. 다만 일정 기간을 같이 하다 보면 상대방이 곤명을 싫어하게 되는 경우가 생긴다. 곤명은 비대칭 인연이 비교적 적합하다.

기묘

성정

천간 기는 음토에 속한다. 습기를 머문 토양에 비유할 수 있는데, 안에 수분을 함유하고 있어 만물을 생하게 하는 능력을 갖고 있다. 지지 묘는 목에 속한다. 명격상 토가 목의 극을 당하는 상이다. 다행히 기토는 성격이 유화하여, 초목의 뿌리에 얽힌 진흙이 단단해지는 상이다. 개성은 기토와 묘목의 특성이 혼합되었다. 그에 따라 성격은 다른 기토의 명격과 같지 않다.

기묘己卯인은 비교적 급진적이고 경쟁심이 강하다. 극단을 좋아하고, 도전을 두려워하지 않는다. 용기가 있다. 일을 주도적으로 한다. 마음이 활달해 거리낌이 없다. 거동이 대범하고, 사소한 일에 구애받지 않는다. 반응이 민첩하다. 천성이 악을 싫어하므로, 본질적으로 의협심 있는 행동을 한다. 강렬하고 호쾌하다. 정면으로 돌파한다. 승부욕이 왕성하다. 대개 성질이 좋다고 할 수 없다. 충동적이고 제멋대로다. 모험적으로 투기한다. 때로 결과를 생각하지 않는다. 성격이 반골적이라 매사 거꾸로 하는 것을 즐긴다. 다만 최후에는 후회하기도 한다. 건·곤명 모두 같다. 타인과 말로 충돌하는 일을 면하기 어렵다. 경쟁하다가 화를 당하기 쉽다. 소인배와 만나기 쉽다. 때로는 경쟁심 때문에 선악의 구별을 못한다. 보복심도 갖게 된다. 타인으로 하여금 용인하고 양해하기 어렵게 한다. 마음을 주고받는 친구를 사귀기 어렵다. 인간관계에서 소외되는 일이 많다.

사회성

약속은 잘 지킨다. 기율을 중시한다. 일을 조리 있게 한다. 약속이 필요한 기율 부서 업무에 종사할 수 있다. 어려운 일이나 나쁜 세력에 굴복하지 않는다. 창업에 용감하고 과단성 있게 달려든다. 영도력이 있다. 경쟁력 있고 파괴력 있는 사업에 종사할 수 있다. 늘 현상에 만족하지 않기 때문에 돌파구를 생각한다. 때론 지나치게 치고 나가서 타인이 용납하기 어렵게 한다. 안정적이지 않기 때문에 일생 변동이 크다. 인생이 크게 좋거나 크게 나쁘다. 성패를 말하기 어렵다.

이성 인연

건·곤명을 불문하고 혼인이 이상적이기는 어렵다. 매우 강한 명격에 스스로 칠살을 깔고 앉아 있다. 만나는 상대는 대개 성격이 강하고 급한 사람이다. 곤명은 일지가 편부를 대표하는 칠살이므로 비대칭 인연을 맺어야 혼인에 유리하다. 건명 역시 배우자는 개성이 강렬한 사람을 만나게 된다. 혼인운이 보통이다. 자녀와의 감정 역시 매우 친밀하지는 않다. 혼인운은 해亥해가 비교적 순조롭다.

경진

성정

천간 경은 양금에 속한다. 경금의 성질은 칼·도끼와 같이 매우 단단하며 파괴력이 강하다. 지지 진은 토로, 습한 성질의 흙이다. 경진庚辰 명격은 금이 토의 생을 받는 형상이다. 금은 원래 바위·흙에 있고 그 속에서 생성·생왕한다. 경진인은 일생 모친과 모친 가족의 영향을 비교적 많이 받는다.

일 처리에 과단성이 있고 독자적이며 두려워하지 않는다. 성격이 바르고 곧다. 일할 때 직언을 서슴지 않는다. 전심전력으로 일하며, 이해력도 강하다. 말은 날카롭지만 마음은 부드럽다. 의기를 중시하고, 강압을 무서워하지 않는다. 친구를 위해 위험을 피하지 않고 어디든 달려간다. 강하고 거칠지만 경솔하지 않다. 목표를 정하면 끝까지 고수하며 물러서지 않는다. 자신의 원칙을 지킨다. 일 처리엔 대체로 온화하며, 전체적인 사항을 고려한다. 독립성이 강하지만 때로는 고독감과 적막감을 피하기 어렵다. 관능미와 식욕·성욕의 만족을 중시한다. 자신의 말을 견지하고 표현에 집착한다. 타인의 칭찬과 긍정을 중시한다. 대의명분을 찾고 염치를 안다. 언변이 뛰어나고, 사랑을 과시한다. 자기 자신을 사랑하는 경향도 있다. 때로 재능을 믿고 남을 깔본다. 일할 때마다 반박한다. 교제를 그다지 잘하지 못하고, 자기 보호가 지나치다. 세운에서 병화와 정화를 꺼린다. 병화와 정화를 만나면 운기가 뒤집어지고, 재해를 당하기 쉽다.

사회성

새로운 분야와 유행하는 업종에 도전해보는 게 좋다. 육감이 강하고, 현학과 철학에 일정한 연분이 있어 그와 관련한 분야도 괜찮다. 건명은 사업운이 좋은 편이다. 결혼 후 배우자의 도움을 받고, 사업이 이상적으로 발전한다. 괴강살이 있는 사주다. 용모가 준수하고 영도력이 출중하다. 천성적으로 영수의 재목이다. 타인에게 명해 용감하게 앞으로 나가게 할 수 있다. 자신의 일 처리 능력도 출중하다. 사주에 화 파격이 없으면 부유한 가정에서 출생해 세운 시절을 잘 보낸다. 충극의 파격이 있으면 학문으로 대성하기 어렵고, 눈높이에 비해 이루는 것이 적다. 곤명이 파격이 되면 당사자에서 제삼자로 밀려나기 쉽다.

이성 인연

건·곤명을 막론하고 감정 처리를 잘 못한다. 혼인이 시원하게 처리되기 쉽지 않다. 부부 관계와 가족 관계는 평범하다. 주말부부처럼 떨어져 지내는 게 화해의 방편이 된다. 곤명은 외모와 신체가 출중하고 지혜가 있으면서도 심성이 매우 강하다. 옛날에는 극부의 상으로 보았다. 사업운은 왕하지만 배우자의 도움을 얻기는 어렵다. 혼인은 장애로 발전할 수 있고, 점잖은 대상을 만나기 어렵다. 조혼보다 만혼이 좋다. 30세 이후에 혼인하는 게 좋다. 그렇지 않으면 이혼하거나 질환으로 고생하기 쉽다. 중년에 상부의 고통을 당할 수도 있다. 비대칭 결혼이 화해에 도움이 된다. 출산의 어려움을 겪을 수 있다.

신사

성정

천간 신은 음하고 부드러운 금을 상징한다. 기기나 접시를 장식하는 금과 같다. 성질이 유약하다. 그러나 지지 사는 화에 속한다. 신사辛巳의 명격은 금이 화의 극을 받는 곤란한 형세다. 신금이 사화의 극제를 받아 신금이 갖고 있는 원래의 특성이 곤란하게 되는 일이 일반적이다.

성격이 거칠다. 충동적이다. 격렬하다. 급하다. 힘으로 사건을 해결하길 좋아한다. 생각하면 바로 움직이는 성격이다. 일에 깊게 빠지는 것을 싫어한다. 항상심恒常心이 결여되어 있다. 늘 충동으로 인해 번뇌에 빠진다. 수시로 변한다. 성격상 자기모순에 빠지는 일이 많다. 다재다능하지만, 많은 공부에 비해 얻는 게 적다. 야심만만하고, 자유로운 생활을 좋아한다. 교제를 잘하지만, 때론 살기가 매우 강하다. 독립적으로 일하지만, 결단력은 흠결이 있다. 체질적으로 금전을 그다지 중시하지 않는다.

사회성

겉은 온화하지만, 실제 성격은 강고하다. 겉과 속이 다르며, 위선적이다. 타인을 존중하고 반갑게 맞지만, 자존심은 강하다. 심지가 굳지 못한 경우 허영심에 빠지기 쉽고 돌발적이기 쉽다. 타인과 잘 어울리고 말도 잘하고 어려움을 피할 능력도 있다. 체면을 중시한다. 때로는 유혹에 빠져 일을 그르칠 수 있다. 정통 학과에 흥미가 깊다. 자아 약속 능력이 크다. 공무 분야의 업무를 선택하고 맡기 쉽다. 신사 일주에 임수가 있으면 여러 방면으로 매우 좋다. 박학다식해지고 그 영역에서 명망이 높아진다. 대장의 재목이다. 다만 자기 과신으로 실패할 수 있음을 가슴에 새겨야 한다. 신중히 행동하고 처사에 공정을 기하며, 기율을 엄정히 하고 군자의 풍도를 지키면, 부귀를 이루고 명예와 권위를 얻을 수 있다.

이성 인연

신사 명격은 팔자 중 사화의 충극을 받지 않는다면 이성의 도움을 받는다. 혼인운도 괜찮다. 건명은 요구 수준이 높아서, 사업과 애정 모두 일정한 수준을 요구한다. 대개 트집을 잡는다. 따라서 감정적 문제로 결정이 안 되는 일이 많다. 군자배필·요조숙녀의 격인데 조건이 좋으면 당연히 경쟁이 있다. 경쟁의 여파가 우려된다는 점에서 비대칭 결혼도 좋다. 오午해에 도화운이 비교적 왕하다.

임오

성정

천간 임은 수에 속하고, 지지 오는 화에 속한다. 물과 불이 극하는 상이다. 임수는 양수에 속하며, 큰 강물 같고 바다 같다. 때로는 홍수와 같이 강대한 위력이 있다. 오화 역시 강대하게 작렬한다. 수극화라 해도 임수가 화의 역량을 완전 극제하기 어렵다. 오화의 명격 영향력이 매우 크다. 성격과 정서상 파동도 비교적 크다. 표면은 안정적이지만 속으로 끓는다.

임오壬午인은 호기심과 연구 심리가 있다. 책임감이 있다. 기율을 중시한다. 본분을 잘 지키기 때문에 때로는 생활과 업무에서 중압감을 느끼기도 한다. 때로는 금전을 지나치게 중시해 정분을 저버리기도 한다. 그런 가운데 커다란 정서적 파동이 일어난다. 다행히 임오인은 좋지 않은 과거를 돌이켜보고 새롭게 하려는 능력이 있다. 감추는 성격을 잘 주의하기만 하면 적합한 길을 열 수 있다. 임오인은 나이가 들어갈수록 신체 기능이 나아진다.

사회성

일간이 정재와 정관에 앉는 명격이다. 만약 충·형이 없으면 일생이 안온하다. 크게 부하지도, 크게 귀하지도 않다. 전체적으로 재원이 끊길 일은 없을 것이다. 성격은 완벽을 추구한다. 이상과 현실적 목표를 중시한다. 대개 포용과 관용에 문제가 있다. 열악한 환경을 만났을 때 늘 강경하게 나갈 것이 아니라 이유제강以柔制剛해야 한다는 점을 기억해야 한다. 일을 할 때 착실하게 한 걸음씩 나아가야 많은 체력과 심력을 소모하지 않으며, 책임에 부응할 수 있다. 능력 밖의 일을 추구하지 않아야만 넘치고 처지는 일이 생기지 않는다. 높은 연봉운과 관운이 있다. 큰 조직이나 정부 업무에 적합하다. 발전 가능성이 높다. 상업 선택도 가능하다. 비교적 전통적이고 일반적인 장사가 좋다.

이성 인연

배우자에게 상당히 까칠하다. 결혼과 미래에 대한 동경이 매우 크다. 나는 그를 보지만 그가 나를 보지 않고, 그는 나를 보지만 내가 그를 보지 않기 때문에 일반적으로 혼인이 늦다. 배우자의 용모와 능력은 대개 보통에 속하기 때문에 결혼 후 불만이 생기기 시작한다. 본인이 완전을 추구한다는 점에서 모순적이다. 혼인상의 문제를 해결하려면 부부가 소통하고 포용해야 한다. 대화하지 않고 장시간 지내면 더 큰 문제가 발생해 화해할 수 없게 된다. 임오 명격은 전통적으로 이성 문제로 인해 재난이 있는 격이다. 도화운이 창왕한 묘해에 더욱 주의해야 한다. 임오 건명은 정재성에 앉아 배경이 괜찮은 여자를 만날 수 있다. 혼인 후 재정상 지원을 받을 수 있다. 건명은 성격이 비교적 충동적이기 때문에 배우자와의 관계에 영향을 받기 쉽다. 정상적 혼인이 적합하다. 곤명은 재성의 도움을 받아 본인의 소득이 괜찮다. 일반적으로 배우자보다 재운이 훨씬 좋고, 가정경제의 상당 부분을 부담하게 된다. 정관이 남편의 대표이긴 하지만, 실제 재성에 앉아도 배우자를 구하는 데 어려움이 없다. 다만 개성이 비교적 충동적이라 부부간의 다툼으로 혼인 생활이 그다지 순조롭지 않을 수 있다.

계미

성정

천간 계는 수에 속한다. 계수는 음수로서 비·이슬과 같아 만물을 적시고 성장하게 한다. 지지 미는 토에 속한다. 계미癸未 명격은 천간 수가 토의 극을 당하는 상이다. 계수의 본성이 미토의 극을 당해 곤란한 명격이다.

계수의 특성은 민첩하고 재기가 넘친다는 것이다. 부드러움으로 강함을 제어할 수 있다. 총명하면서 인내심도 있다. 일 처리가 조리 있고 능란하다. 전통과 보수에 집착하고 스스로 생활 규정을 정해 지킨다. 박력은 부족하다. 결정을 유보하는 등 비교적 소심하다. 가족과는 소원하게 지낸다. 우울증 등 정서상의 문제로 고생할 수 있다.

사회성

스스로 청고淸高하다고 자처하지만 욕망이 큰 경향이 있다. 정신적 만족감과 성취감을 중시하지만, 물질적 수요가 많다. 업무에서도 마찬가지다. 자아 요구가 강한 경우 늘 자제하고 혼자 행하지만, 대개 성취하지도, 실패하지도 않는 불안정한 상태를 맞는다. 강렬한 욕망 외에 가장 큰 문제는 대인 관계다. 일정 수준의 교제 수완이 있고 업무 처리도 무난하지만, 성격이 외골수이고 차갑다. 보복심도 있다. 다행히 극제력은 강하다. 대개 타인을 향해 폭발하지는 않지만 친구와 소원한 관계라고 할 수 있다. 겉으로는 동의하지만 내심 불만이 가득하고 오래가므로, 인간관계에 큰 영향을 미친다. 피할 필요는 없지만 교제하지는 말아야 할 사람과는 교제하지 않는 성향을 제거해야 마음 맞는 친구를 얻을 수 있다. 육감이 있고, 늘 의외의 재물이 있는 명격이다. 기회를 잡아 재물을 얻을 수 있는 능력도 있다. 압력을 받고 일하는 것을 싫어한다. 많이 일하고 많이 버는 직업이 적합하므로, 자영업이 적합하다. 사업 성공을 하려면 마음을 열고 인내하는 것을 염두에 두어야 한다.

이성 인연

배우자를 택하는 데 매우 까다롭다. 감정 폭이 넓어 그다지 순조롭지 않다. 혼인 및 미래에 대한 동경이 크다. 대개 만혼한다. 사람이 판에 박힌 듯해 부부 관계는 담백하다. 건·곤명을 불문하고 비대칭 결혼이 적합하다. 건명은 감정 문제상 결정을 미룬다. 또한 몰래 하는 짝사랑을 좋아한다. 혼인에 성공하려면 빨리 상대에게 의사 표현을 해야 한다. 상대에 대한 뜻이 있으면서 부정적으로 말할 가능성도 있다. 곤명은 보수적인 경향이 있다. 혼인에서도 전통적인 형태를 따른다. 대개 남자가 주동한다. 대다수는 남자가 나이가 많고 여자가 어린 배합이다. 도화운과 혼인운은 자子해가 비교적 명확하고 순리적이다.

갑신

성정

천간 갑목은 양목이고, 지지 신은 금에 속한다. 갑신甲申은 스스로 극하는 명격이라 대체로 병이 많으므로, 반드시 건강에 유의해야 한다. 특히 호흡기 계통 질병에 대처해야 한다. 병 때문에 파재될 수 있다. 건강 약품을 좋아하기도 한다.

성격이 모순된 면이 많다. 만족하면서도 사치를 꿈꾼다. 담담하면서도 명망을 생각한다. 타인에 대한 침범도, 타인의 침범도 원치 않는다. 타인에 대한 관심도, 타인의 관심도 원치 않는다. 인정이 통하지 않는다. 총명하지만 우울하기 쉽다. 때로는 협량하여 타인으로 하여금 질투심이 강하다고 느끼게 한다. 인내력 결핍으로 일 처리에 마음이 오락가락한다. 성격을 개선하지 않으면 일생 빈손으로, 노력만 하고 만다. 공부해도 이루지 못한다. 타인에 대한 동정심이 없고, 말하기도 싫어하고, 성격은 내향적인데다 의심이 많고, 나서기를 좋아하는 등 편향적이다. 마음이 통하는 지기를 얻기 힘들다. 가족 관계가 밀접하지 않다. 다만 사물에 대한 감수력은 민감하다. 일주가 위아래로 찌르는 현침살의 작용을 살필 필요가 있다.

사회성

일하는 데 심지가 굳지 못하다. 조직적이지 못해 빠뜨리는 게 많다. 타인의 의견을 반박하지 않지만, 받아들이지도 않는다. 상대를 배려하지 못해 업무에서 늘 고립된다. 직속 상사를 미워할 수 있는데, 고의적이지는 않다. 반대 세력이 많지만, 굴복하지 않는다. 업무에서 늘 비협조적인 태도를 취한다. 일반적으로 자子해에 열심히 일할 수 있다. 도화운은 일정하지 않다. 많이 일하면 많이 얻을 수 있다. 대체로 투자운이 좋다.

이성 인연

비밀을 잘 지킨다. 이성으로 하여금 안정감을 느끼게 한다. 지장간에 편재를 깔고 있어, 건명은 자기 발전에 유리한 부인을 얻을 수 있다. 비대칭 결혼이 많다. 상대는 대개 가정환경이 괜찮아서 사업 발전에 도움을 얻게 된다. 하지만 배우자 대다수는 남편을 매우 통제한다. 곤명은 사업을 중시하며, 혼인에는 도움이 되지 않는다. 사업에 대해 남편의 도움도 크지 않다. 조혼은 좋지 않다. 성격 차이가 있는, 패기가 부족한 사람을 만나기 쉽다. 젊은 남자를 배우자로 하는 게 좋다. 자신이 마음을 열면 배우자도 돈 버는 일에 개의치 않는다. 혼인 생활도 괜찮다. 곤명은 진·술·축·미해에 재성이 왕하고, 신·유酉해에 도화가 왕하다.

을유

성정

천간 을은 음목이다. 지지 유는 금에 속한다. 목이 금의 극을 받는 형상의 명격이다. 을목의 성질은 음하고 유하며, 칡·등나무 등의 초목과 같아서 유약하지만 강인하다. 금에 극을 당해 그 영향이 적지 않다. 을유乙酉는 예전에는 귀한 명격으로 보았다.

적막을 두려워한다. 질투심이 강하다. 육체적인 욕망을 중시한다. 현실주의자다. 타인을 심하게 질투하고 가혹하게 대할 수 있다. 일을 급진적으로 하기도 한다. 적대심이 강하다. 편파성이 강하다. 성깔은 그다지 좋지 않으며, 타인이 용납하기 어렵다. 교제를 잘 못하기 때문에 오랜 지기가 없다. 다년간의 우의가 한순간에 적대적으로 변하기 쉽다. 을유인은 성격의 문제를 개선하고 인연을 확대하지 못하면 고독을 면치 못하고 물결에 흘러가고 만다. 60갑자 중 가장 고집이 센 명격으로 푼다.

사회성

야심이 있다. 용기도 있다. 주동자가 된다. 혁명성·반역성이 있다. 반대하는 능력이 있다. 매사 일을 역으로 행하는 경우가 적지 않다. 건·곤명 모두 마찬가지다. 다만 일을 할 때는 은밀성이 강하다. 스스로 억압을 잘한다. 표면상 겸허하지만, 내심 욕망을 감추고 있다. 어떠한 일을 만나도 기회를 잘 이용한다. 사업운도 괜찮다. 특히 대단위 조직의 일에 적합하다. 생명력이 강하다. 도전을 두려워하지 않는다. 발전 가능성이 크다. 다만 거시적인 고려가 부족하다. 단기간 열정을 집중한다. 경영을 자문하는 일은 대단히 부적합하다.

이성 인연

건명은 육체적인 욕망이 강하여, 하나에 얽매이기 싫어한다. 그래도 황당할 정도로 과하게는 하지 못한다. 칠살을 깔고 앉았기 때문이다. 또한 12운성 절에 앉아 인연에 문제가 생길 수 있다. 다행히 결혼 후 자제력이 강해질 수 있어 결혼운이 매우 나쁘다고 볼 수는 없다. 하지만 행로가 편하지는 않을 것이다. 배우자 대다수가 자신을 매우 통제한다. 결혼 후 자녀의 즐거움을 얻을 수 있다. 하지만 관계가 매우 친밀하지는 않을 것이다. 곤명은 칠살에 앉아 성격이 대체로 거칠다. 섹스를 좋아하고, 강하기도 하다. 외형은 근사하지만 성미는 그다지 좋지 못한 남성을 만나기 쉽다. 조혼은 좋지 않다. 적어도 30세 이후에 혼인을 고려하는 게 좋다. 을유 곤명이 아름다운 혼인을 생각한다면 비대칭 결혼이 오히려 낫다.

병술

성정

천간 병은 화에 속한다. 작렬하는 태양에 해당하여, 비교할 수 없는 강력한 열을 발산한다. 강렬한 빛으로 세상 만물을 구석구석 비춘다. 지지 술은 토에 속한다. 병술丙戌 명격은 화생토의 상이다. 병은 거대한 불이 되고, 토는 거대한 불에 연소된 후 그 영향으로 매우 왕성해지고 활력을 갖게 된다.

예민하다. 자립심이 강하다. 조리 있게 일한다. 솜씨가 있다. 공경심이 있고 겸손하다. 근검절약한다. 육체적 욕망을 가벼이 본다. 엄혹한 것을 좋아하지 않는다. 실패를 두려워하지 않는다. 대응력이 강하다. 행동으로 해결하는 것을 좋아한다. 태생적으로 야료를 싫어한다.

사회성

대부대귀大富大貴는 아니더라도 재원은 끊이지 않는다. 곤란을 만났을 때도 마찬가지다. 실패를 두려워하지 않는 성격이라, 일에 불요불굴이다. 때로는 태생적으로 열악한 환경을 바꿔놓을 수 있다. 좋지 않은 과거를 바꾸는 능력이 있다. 지장간에 정재가 왕해 상업 및 인기 업종에 종사하면 발전할 수 있다. 소매업·고문 업무 등에서 능력을 발휘할 수 있다. 부동산·고정자산 등에 투자하는 선택도 좋다. 법조계 종사도 적절하다. 화운이 강한 명격이기 때문에 비교적 솔직하고, 급하고, 말도 빠르다. 안하무인이라는 말을 들을 수 있다. 성격이 급하므로 구설·시비 등의 곤란을 피하도록 조심해야 한다. 사회적인 상규를 중시하지 않는 잠재적인 성격을 고쳐야 한다. 곤란을 만났을 때 위엄과 강경한 자세 대신 유하게 대해야 한다. 그래야 체력과 심력을 크게 소모하지 않을 수 있다.

이성 인연

건·곤명을 불문하고 체질이 강건하다. 사람을 편하게 하는 감각이 있다. 명격상 병화가 끊임없이 화염을 내뿜고, 술토를 멈추지 않고 생왕한다. 따라서 병술인은 토가 많은 것을 가장 싫어한다. 팔자 중 다른 토가 없으면 화염토조가 되지 않는다. 중년에 비뇨기계·배설계·생식계의 큰 병을 만나기 쉽다. 혼인 인연도 좋지 않다. 상대보다 더 사랑하고, 비용 지출도 많다. 하지만 성격이 근검한데다 보수 성향이 강해서 대체로 심사가 편치 않다. 타인과 즐거움을 같이하거나 슬픔을 같이하기를 원치 않는다. 가족 간의 관계도 소원하다. 이 성격은 부부간의 소통에 장애가 된다. 마음의 병을 초래하기 쉽다. 배우자 대다수가 자신을 통제한다. 혼인 생활은 평범한 와중에 즐거움이 있다. 건·곤명 모두 정상 혼인이 적합하다. 건명은 1~4세 연하의 여자가 적합하다. 곤명은 1~4세 연상의 남자가 좋다. 그래야 혼인이 안정적이다. 일간이 묘墓고에 앉아 배우자의 신체 건강에 유의해야 한다. 대체로 건강한 체질이 아니다.

정해

성정

천간 정은 음화에 속한다. 촛불의 불이다. 불의 밝기는 은은하고 화세는 맹렬하지 않다. 그러나 주위를 밝히기에는 충분하며, 강렬하게 타오를 수는 없다. 지지 해는 음수에 속한다. 정화가 해수의 극제를 받는 형상이다. 물 위에 떠 있는 촛불과 같아서 화기가 없다. 정해丁亥 명격은 태생적으로 화의 성격이 없다.

학업운은 보통이지만 학문 추구를 좋아한다. 신앙심이 깊고, 천도와 관련 있는 종교를 신뢰한다. 호기심이 있다. 다만 현실을 비교적 느긋하게 본다. 근면 성실하다. 사려 깊다. 현명한 사람이다. 강한 힘이 있지만, 일순간 폭발력에 국한한다. 전체적으로 일 처리에 책임감이 있다. 융통성은 부족하다. 의견이 있어도 내놓지 못하고, 늘 괜찮다는 식이다. 타인에게 흐리멍덩하다는 인상을 준다. 신경질적인 면도 있다. 정서를 통제하는 능력이 부족하다. 의심이 많다. 우울하다. 마음고생하기 쉽다. 늘 작은 일에 민감하다. 매사 중용의 길을 걷고 평상심을 유지해야 한다. 청년기에는 신체가 비교적 허약하지만, 나이가 들수록 좋아진다.

사회성

규칙적인 생활을 한다. 자기와의 약속을 잘 지킨다. 온유하다. 세심하게 일을 처리한다. 타인의 일을 잘 돌본다. 태생적으로 예의가 있다. 단체 관계를 중시한다. 타인과 잘 융합한다. 사업에 성공하려면 자기 소통력을 잘 이용해야 한다. 좋은 인간관계도 장점이다. 눈높이를 높여서는 안 된다. 허영심도 일을 그르친다. 곤명은 총명하다. 외부 인연이 좋고, 교제를 잘한다. 사업에 성공하고 이름을 날리기 쉽다.

이성 인연

배우자와 상부상조할 형이다. 서로 부족한 부분을 보완해줄 수 있으며, 이상적인 혼인 관계를 유지할 수 있다. 자子해에 도화운이 강하다. 건명은 자기통제력이 강해 혼인 생활 중 제삼자의 출현을 절대 용납하지 않는다. 곤명은 태생적으로 현숙하고 단정하며, 마음에 두었던 배우자를 만나기 쉽다. 곤명이 유하면 귀해진다. 곤명의 혼인운도 괜찮다. 감정 교감을 얻기도 쉽다. 곤명은 1~4세 연상의 남자와 정상 혼인이 적합하다. 배우자는 대개 정직한 사람이다. 혼인 생활도 안정적이다. 첫째 아이는 여아인 경우가 많다.

무자

성정

천간 무는 토에 속한다. 단단한 바위, 높은 산으로, 견고하고 무너지지 않는다. 지지 자는 양수다. 본래 토극수의 격국이지만, 한 폭의 산 좋고 물 좋은 그림으로 볼 수 있다. 높은 산이 큰 강을 만나니, 상극이면서 상승이 된다. 조화를 잘 보아야 한다. 청년 시기에 신체가 허약하다. 특히 신장과 혈액계통 병을 주의해야 한다. 나이가 들수록 신체는 좋아진다.

무자戊子 명격의 토는 신信이고, 수는 지智에 속한다. 기본적으로는 신뢰하게 만든다. 신용을 지킨다. 타인에게 관대하다. 심지가 선량하다. 학식도 대단하다. 처세와 지모도 뛰어나다. 신앙심이 있다. 유로써 강을 극한다. 심려가 깊다. 하지만 무자는 믿음과 지혜가 상반되는 극단적인 성격이 될 수도 있다. 토극수의 작용 때문이다. 고집이 세고, 일 처리에 소통하지 않는다. 인심을 얻지 못한다. 천도를 믿지 않는다. 성격이 졸렬하고 맑지 않다. 신뢰를 저버리는 일을 반복한다. 성정도 일정하지 않다. 일하는 데 소심하고 무모하다. 타인에게 냉혹하다.

사회성

지식이 감각 위주다. 심리와 정신적인 면을 중시하지 않는다. 돈을 귀하게 여긴다. 생활 보장을 중시한다. 매사 이익을 추구한다. 독선적인 사람이 된다. 그른 일을 일으키는 것을 싫어한다. 일정 부분 자신을 사랑한다. 자신과 재물에 대한 관심과 보호가 지나치다. 작은 일을 시시콜콜 따진다. 수전노로 인식된다. 재성에 앉아 대부대귀는 아니지만, 재원은 그치지 않는다. 곤란을 만나더라도 마찬가지다. 큰 조직에서 일하는 데 적합하다. 장사 재능도 있다. 현상에 안주하는 성향이라 실무형이다. 온건하고 원칙에 따라 일한다. 활동적 업무를 택할 수도 있다. 곤란한 일을 당해도 냉정하게 대처한다. 기회가 되면 바로 사업을 시작할 수 있다.

이성 인연

건명은 좋은 처를 만날 수 있다. 현숙하고 내조하는 여자를 얻을 수 있고, 결혼 후 사업이 한층 번창할 수 있다. 상부상조할 수 있다. 가정·가족에 대해 책임을 진다. 이상적인 관계로, 혼인 생활이 유쾌하다. 다만 성욕 만족에 치중하지 않도록 주의해야 한다. 심리적인 만족도 중요하다. 곤명은 전형적인 사업 여성에 속한다. 업무 능력이 뛰어나고, 수입도 좋다. 하지만 배우자의 능력은 자신보다 못하여, 가정경제를 책임진다. 다른 지역 사람과 혼인할 수 있다. 세운에 도화가 왕하다. 업무 중 또는 해외 출장 때 유의하면 괜찮을 것이다. 첫째 아이는 여아인 경우가 많다.

기축

성정

천간 기와 지지 축은 모두 음토에 속한다. 토의 기운이 지나치게 강하다. 습한 토양이 널려 있어 끊임없이 만물을 생장·번식시킨다. 천기 중 염열炎熱의 영향을 받지 않는다. 또한 목의 극제도 두려워하지 않는다.

기축己丑인은 굳세지 않다. 견실하다. 내향적이다. 안으로 감춘다. 사고형에 속한다. 자폐 경향이 있다. 일은 조리 있게 처리한다. 보수적이다.

감정을 중시하지만 속으로 감춘다. 그래서 늘 오해를 불러일으킨다. 의심이 깊다. 자신의 인식 방법을 고수한다. 늘 자신의 한계를 정한다. 고통과 곤란을 묵묵히 받아들이며, 타인이 인정한다고 생각하는 경향이 있다. 하지만 소통을 잘하지 못해 대개 편향적인 생각에 빠진다. 자신의 감각이 우울하고 과묵한 것을 좋아한다고 여긴다. 동시에 타인은 이해하기 어렵다. 기축뿐 아니라 토가 많은 명격은 모두 비슷한 성격과 생각을 갖고 있다. 성격상의 문제를 자각해야 우울한 감정을 해소할 수 있다.

사회성

질서와 정결을 중시한다. 매사 걱정하기를 좋아한다. 어려움을 참고 견디며 노력한다. 책임 있는 일에 한마음으로 수행할 수 있다. 일 처리에 감정적으로 영향을 받는다. 지력이 모자라지만 고집이 있어 일의 판단력에 문제가 생긴다. 시비를 가리지 못하기 쉽다. 감정적으로 일한다. 사람과의 소통에 결함이 있다. 늘 수입이 불안정한 상황을 맞는다. 의외의 재물을 얻을 수도 있다. 많이 일하고 많이 얻는 업무에 종사하는 것이 적합하다. 사업운은 괜찮지만, 고집을 조절하고 판단력을 강화해야 한다. 기르는 잘 가르치는 특성이 있고 축표은 50세가 넘어서 능력이 나타나는 경우가 많으므로, 기축은 참고 기다리면 성취 가능성이 높다.

이성 인연

과묵하다. 보수 고집의 성향이다. 부부 관계는 평범하다. 문제를 만나면 배우자도 해결책을 찾을 수 없다. 기본적으로 배우자와 소통하는 데 곤란한 까닭이다. 진·술·축·미월생은 정황이 더 엄중하다. 명격상 남의 의견을 받아들이지 않기 때문에 문제가 생기면 양보하지 않는다. 혼인 관계가 대개 좋지 않다. 배우자도 마찬가지로 고집스러운 사람이라, 이혼으로 이어질 수 있다. 건명은 혼외정사를 매우 주의해야 한다. 건명은 비대칭 인연이 적합하다.

경인

성정

천간 경은 금에 속한다. 경금으로 통칭하는데, 경금은 양에 속해 양금으로도 불린다. 경금의 성질은 매우 단단하고, 강철 칼이나 도끼와 같이 파괴력이 강하다. 부딪치면 반드시 손상된다. 지지 인은 목에 속한다. 경인庚寅 명격은 기본이 금극목의 상이다.

경금은 강철의 금이지만, 원국의 목을 극제한 뒤에는 설기되어 약해지므로 특징을 모두 발휘할 수는 없다. 대개 인목을 극제한 뒤의 양상이 특징이 된다. 경인 명격은 태생적으로 타인에 관심을 갖지 않는다. 타인의 관심을 받는 것도 원하지 않는다. 괴팍한 성향이고, 혼자 있기를 좋아한다. 사물에 대해 예민한 감수력과 이해력이 있다. 대개 비정상적인 사고방식을 지닌다. 일 처리에 결단력이 부족하다. 경각심은 높다. 우울하기 쉽다. 의심이 많고 잘 변한다. 환상을 중히 여기고 뜻이 일정하지 않다. 일하며 변덕이 심하다. 생각과 정서도 혼란스럽다. 따라서 타인이 괴이하게 생각하게 한다. 지구력과 인내력은 부족하고, 의지도 강하지 않다. 하지만 한 가지 일을 결정한 뒤에는 전력을 다해 일한다. 때로는 지름길로 가기를 좋아한다. 다른 사람이 일깨워주어야 정도를 달릴 수 있다.

사회성

편재를 깔고 앉아 투자나 수입이 불안정한 업종에 종사하면 성공 가능성이 있다. 재래재거財來財去의 특성이 있으므로 재운을 주의해야 한다. 대박과 쪽박의 재운이다. 승리에 눈이 멀어 패배를 모르는 일을 경계해야 한다. 일 처리에 장기적인 고려가 미흡하다. 하지만 요식업과 기타 업종에서 경영 성적은 괜찮을 것이다. 장사를 하면 의외의 수입을 얻게 된다. 독자적인 투자는 좋지 않고, 타인의 추동력을 필요로 하는 명격이라 혼자 사업하지는 않을 것이다. 합작하면 좋은 성과를 얻는다.

이성 인연

도화운은 묘해에 좋다. 건명은 편재성의 이점을 받아 배우자가 재운에 도움이 된다. 명격상 상업 종사가 좋아서 결혼 후 사업운과 혼인운은 갈수록 좋아진다. 건명은 비대칭 결혼이 비교적 적합하다. 배우자가 1개월 이상이라도 나이가 많거나, 10세 이상 나이가 적거나, 타 지역 출신이면 좋다. 곤명 역시 재운이 괜찮아서, 개인사업에서 성취할 수 있다. 배우자의 재운은 일반적으로 자기보다 못하다. 결혼 후 생활을 주도한다는 마음을 먹어야 한다. 곤명도 비대칭 결혼이 적합하다. 남자가 10세 이상 나이가 많거나, 1개월 이상이라도 어리거나, 이혼했거나, 상처했거나, 타 지역 출신이면 좋다. 또한 조혼도 불리하므로 30세 이후 결혼하는 게 좋다.

신묘

성정

천간 신은 금에 속한다. 음陰하고 유柔한 금이다. 도기 장식과 같이 성질이 유약하고 아름답고 매끄럽다. 지지 묘는 목에 속한다. 신묘辛卯의 명격은 금극목의 상을 갖는다. 신금은 묘목을 극제한 후 음유陰柔가 약해지고 묘목의 성격이 많아진다.

고독·적막을 두려워한다. 일 처리에 장기적인 고려가 부족하다. 초반에 반짝 열심히 한다. 타인과 버거운 문제는 피하고, 원만히 대화한다. 하지만 표면상 순응하는 것이지, 내심은 오기가 대단하고 머리 숙이기를 싫어한다. 스스로의 한계를 정해 혼자 행하는 경우도 있으므로, 불안정한 상태가 되는 일이 많다. 스트레스 해소에 어려움은 없다. 선천적으로 다정하고 교제를 좋아하기 때문이다. 건명은 연무술이나 격렬한 운동이 좋다. 곤명은 체조·요가 같은 자아 평형을 주는 운동이 좋다.

사회성

온화한 가운데 날카로운 오기를 드러낸다. 생각이 새롭다. 투기를 좋아한다. 시비가 분명하다. 식견이 비범하다. 감히 만들고 대응한다. 전도를 낙관한다. 불요불굴의 정신을 갖고 있다. 적극적·진취적이다. 일 처리에 원활하고 기지가 있다. 외적 인연도 괜찮다. 때로 과도한 요구를 하므로 처사가 엄혹할 수 있고, 이는 업무나 인사상 불안정한 요소로 작용하게 된다. 기회를 잘 잡아 이득을 얻는 데 능하다. 수입이 일정치 않은 업무나 기타 사업에 적합하다. 일 처리에 속전속결을 좋아한다. 매사 조심하기를 좋아한다. 권력 욕망도 크다. 태생적으로 소득에 집착하지 않고 재물을 중시하지 않는다. 늘 의외의 재물을 얻는다. 금전과 사치를 중시하지 않는 습관이 있다. 의외로 크게 사업을 한다. 자기과시를 조심해야 한다. 실패의 화근이 된다.

이성 인연

태생적으로 도화운이 강하고, 자子해의 도화운이 특히 강하다. 대개 얼굴과 신체가 좋다. 타인에게 온유하고 세심하다. 타인과의 관계 때문에 부부간 감정이 영향을 받기 쉽다. 가정일과 부친과의 관계를 중시하기 때문에 배우자의 가족과는 관계가 좋지 않다. 결혼 후 가족과 같이 사는 것은 좋지 않다. 작은 마찰을 일으킬 수 있다. 건명은 외향적이다. 주색의 자리를 돌아다니므로, 여색의 접촉이 많다. 자신의 용모는 물론 배우자의 외형도 중시하여 미모의 이성을 추구한다. 하지만 미모에 시간을 뺏

기면 자아 통제를 하기 어렵다는 점을 주의해야 한다. 건명은 36세 이후 결혼하는 것이 좋다. 인연상 극적인 이합집산이 있어 만혼이 좋다. 곤명 역시 약속하는 성격이 있다. 예전에는 음탕한 명으로 보았지만, 오늘날에는 교제에 능하다고 본다. 교제 기회도 많다. 역시 조혼은 좋지 않아서 30세 이후 결혼이 좋다. 비대칭 결혼도 좋다. 연하남과 결혼하면 명이 흐르게 되기 때문에 출산에 어려움을 겪을 수도 있다.

임진

성정

천간 임은 수에 속한다. 마르지 않는 물이고, 때로는 홍수가 될 수 있다. 대단한 위력이 있다. 지지 진은 토에 속한다. 명격은 수가 토에 극을 당하는 상이다. 임수가 무궁무진한 수이기 때문에 토의 극제를 받더라도 역시 그 수원은 끊이지 않는다. 오히려 토의 인도 아래 운하와 같이 모아져 목표를 향해 도도히 흐른다.

임진壬辰은 괴강의 명이다. 그래서 아는 것이 많다. 대담하며 용맹스럽다. 강한 행동력이 있다. 성깔은 나쁘다. 공격적인 언사를 좋아하고 매사 반박하는 일이 많아서, 말로 충돌하는 일이 많다. 선악이 분명하다. 권위주의자다. 임진 일주가 사주에 화가 없다면 부유한 가정에서 태어났을 것이다. 목이 왕하면 영도 능력이 뛰어나다. 일 처리 능력이 뛰어나다. 태생적으로 영수領首의 재목으로, 사람을 이끌고 용맹 전진한다. 불굴의 성격이다. 위난 시에도 결단력이 있다. 사업상 적잖은 도움을 받는다. 결국에는 지위와 권위가 높아진다. 화와 충극이 있으면 학문이나 사업에서 대성하기 어렵다. 일을 해도 조직과 기율이 없고, 늘 불편한 일을 만난다. 빈궁하게 되기 쉽다. 곤명이 파격이 되면 집안에 소란이 그치지 않는다. 시비 만들기를 좋아한다. 개방적인 성격이라 욕망대로 움직이는 경향이 있고, 제삼자가 되기 쉽다. 다행하게도 일정 부분 자기 약속 능력은 있어 구렁텅이에 빠지지는 않는다.

사회성

자신감과 영도 능력이 있다. 과감하게 전진하는 능력이 있다. 사업 발전 가능성이 높다. 적대자나 경쟁자에 대해 매우 공격적이고 파괴적이다. 부수고 물어뜯고 죽이는 특성이 있다. 전통적으로 용기 있는 사람으로 보았다. 대범하며, 신속하고, 충동적이고, 살기와 공격성이 있다. 흉금을 터놓고 스스럼없이 행동한다. 매사 몸으로 행하며, 횡포를 두려워하지 않는다. 성격이 변화무쌍하다. 다재다능하다. 교제 수완이 있다. 늘 이성의 도움을 받는다. 도전을 두려워하지 않는다. 인내한다. 하지만 합작하기 어렵다. 야심과 욕망이 강하다. 승부욕이 강하다. 바르게 산다. 결과에 아랑곳하지 않는다. 인생 말미에 부귀를 이룰지, 명망과 권위를 얻을지 성패를 논하기 어렵다. 병·정·사·오해의 운기는 좋지 않다. 곤명의 손재수는 더욱 엄중하므로 조심해야 한다.

이성 인연

단단한 명이다. 가족과는 소원하다. 감정은 보통이다. 타인과 화해할 수 있도록 해야 한다. 건·곤명을 불문하고 자기중심적이다. 건명은 결혼 후 업무를 편하게 볼 수 있다. 사업운도 좋다. 다만 부부 관계는 담담하다. 소탐대실을 바꾸도록 해야 한다. 도화는 유해에 왕성하다. 곤명은 칠살을 깔고 앉아 비대칭 결혼이 좋다.

계사

성정

천간 계는 수에 속한다. 비와 이슬과 같아서 만물을 생장하게 한다. 천간만으로는 조용하고 유약한 명격이다. 세수장류細水長流의 형국이다. 하지만 지지 사는 화에 속한다. 계사癸巳 명격은 수극화의 형상이다. 계가 가늘고 길게 흐르는 음수이기 때문에 사화를 극멸할 수 없다. 오히려 극제된 후에 사화의 성격이 많아진다.

성격에 장점이 많다. 단정하다. 우아하다. 친절하다. 세심하다. 신중하다. 착실하다. 사려 깊고 신중한 영도자형이다. 소통력이 좋다. 예의가 있다. 총명하다. 지혜가 있다. 인내심도 있다. 일 처리는 유로써 강을 제할 수 있다. 외유내강이다. 냉정하면서 열성적이다. 책임감이 있다. 명예를 중시한다. 업무상에서도 반복한다. 명령 내리는 데 익숙해지는 것을 경계한다. 허영심을 혐오한다. 인간관계가 좋다. 타인에게서 사랑과 대우를 받게 된다. 다만 천간의 수가 지지 화의 열기로 끓어 수화기제水火旣濟로 나타나면 변덕이 죽 끓듯 하는 현상도 나타난다.

사회성

물품의 품질을 중시한다. 승부욕이 있다. 타인이 자신에게 호감이 있는지를 중시한다. 명예와 지위를 중시한다. 개인적인 욕심을 주의해야 한다. 능력이 된다면 자신의 이상을 추구한다. 손해에 그칠 일이라도 개의치 않는다. 하지만 허영심이 크고 소유욕도 강하다면 눈높이만 높아진다. 습관적으로 가볍게 말하고, 분쟁에 태평하고, 처리할 수 없는 일을 한다면, 체면 때문에 큰 곤경에 처하게 된다. 한번 부러지면 명예를 잃고 한이 된다. 사업운과 귀인운은 괜찮다. 대개 흉을 만나도 길로 바뀐다. 근로자가 되든, 상업을 하든, 모두 운세는 괜찮다. 전통적이고 인기 있는 일이 비교적 적합하다. 곤명은 사업운이 좋기 때문에 교제에 능숙하다. 교제가 주 업무가 되는 일도 많다. 홍보회사·광고회사 업무에서 좋은 성과를 낸다. 곤란을 당하면 장점을 살려 유로써 강을 극하므로, 체력과 심력을 많이 소모하지 않으면서 이길 수 있다.

이성 인연

비교적 내향적이다. 자기표현을 잘 못한다. 따라서 도화운이 왕성한 오午해를 잘 살펴볼 필요가 있다. 건명은 정재를 깔고 앉아 부부 관계는 보수형에 속한다. 결혼 후 배우자의 사업을 왕하게 할 수 있다. 운기가 상승한다. 다만 소통에 주의해야 한다. 내향적인 성격을 바꾸어야 한다. 배우자가 1~8세 어린 정상적 혼인이 적합하다. 곤명의 결혼운은 보통이다. 결혼 후 늘 소소한 분쟁이 있을 수 있기 때문에 자신의 솔직한 감정을 밝혀야 한다. 다행히 태생적으로 현부賢婦의 성격이라 서로 양해할 수 있다. 혼인 후 생활은 괜찮다. 곤명도 정상적인 혼인이 적합하다.

갑오

성정

천간 갑은 양목이다. 오는 화에 속한다. 갑오甲午 명격은 목생화의 상이다. 목은 화를 생하므로 역량이 화의 역량으로 바뀐다. 오화가 왕성하기 때문에 명격은 수가 와서 중화해야 한다. 일은 견고하게 하며, 불굴의 성격이다. 목표를 정하면 바로 용맹하게 직진한다.

생활은 검소하다. 돈을 귀히 여긴다. 생활 보장을 중시한다. 가정과 처자에 대해 책임을 다한다. 신중하고 본분을 지킨다. 늘 행복을 느끼고 만족한다. 편안함과 배부름을 중시한다. 보통 음주를 좋아한다. 구체적이고 통제할 수 있는 사물에 집착을 갖는다. 재물을 중시한다. 고정자산과 부동산을 중시한다. 생활이 무미건조하다. 금전 중시가 과해 각박해지기도 한다. 인색하고 수전노로 인식되기 쉽다. 일체의 지식이 감각기관으로 관찰하는 것이 우선이다. 변화하기보다는 시종여일하다. 우직하고 도도하다는 인식을 줄 수 있다. 신비나 신앙을 믿지 않는다. 운동·여행·저술·무용 발표 등을 편애한다. 일주 현침살의 작용을 살펴볼 필요가 있다.

사회성

태생적으로 현실주의자다. 주제넘게 나서기를 좋아하지 않는다. 독립적이다. 시비가 발생하여 사람의 눈길을 받는 것을 싫어한다. 지장간 기토가 정재인데 갑기 암합하므로 재물에 집착하는 성향이 있다. 시시콜콜 득실을 따지면 소탐대실하게 된다. 편안함을 즐기고 본분을 지킨다. 업무에서는 적극성이 부족하다. 각고의 노력을 한다. 분에 넘치는 생각을 하지 않는다. 하지만 자기 자신의 표현에 집착한다. 아랫사람을 단속한다. 아울러 아랫사람이 자기의 명예를 존중하는지를 중시한다.

이성 인연

이성을 사랑하고 보호한다. 지출도 대단히 많이 한다. 명격에 홍염도화살이 있다. 사람을 홀리는 기질이 있다. 인연은 매우 좋다. 감정이 풍부하다. 정이 많고 욕망이 크며 성적 만족을 중시한다. 도화운은 창창하지만 이상적인 대상을 만나기는 어렵다. 전체적으로 소통력이 부족하다. 혼인 생활은 이상적이지는 않다. 감각도 담담하게 변하기 쉽다. 건명은 처자의 사생활 통제를 중시한다. 배우자와 사랑의 감정 및 혼인 생활은 보통이다. 건명은 처자의 도움을 얻을 수 있고, 자기 발전에 유리한 부인을 얻을 수 있다. 배우자의 가정이 괜찮다. 곤명은 만혼이 적합하다. 조혼의 경우는 나이 차가 10세 이상 되는 남자를 택하면 감정생활이 비교적 순조롭다. 일생 도화가 끊이지 않기 때문에 곤명은 정욕이 앞서가지 않도록 주의해야 한다. 도화운은 묘해에 더욱 왕성하다.

을미

성정

천간 을은 음목이다. 유약하지만 강인한 초목과 같다. 지지 미는 토에 속한다. 을미乙未 명격은 목극토의 의미를 포함하고 있다. 을목의 성질이 음하고 유하므로 토를 극하는 힘이 매우 강하지는 않다. 하지만 대개 서로 꽉 잡고 있다. 성격상 목과 토의 특성 모두 중하다.

목·토가 서로 보완하고 돕는 가운데 진실한 마음으로 타인을 배려한다. 겉으로는 유약하다. 실제로는 내실이 두텁다. 수양이 되어 있다. 인자하다. 업무를 깔끔하게 한다. 일에 인내력도 있다. 업무 처리 능력은 높지만, 급하게 하지 않는다. 스케일이 크고 급하지 않다. 자신의 신념을 굽히지 않는다. 다재다예하다. 업무에 융통성이 있다. 온화하게 처리한다. 잘 안다. 업무에 참여해 서열을 크게 따지지 않는다. 거시적으로 고려할 수 있다. 생활 태도는 비교적 괴팍하고 자존적이다. 대인 관계가 원만하지 않다. 친구운이 좋다고 할 수는 없다. 모친의 영향을 받기 쉽다. 그 밖의 친지에게는 비교적 냉정하고 각박하다. 인정이 없다. 형제와 불화하기 쉽다. 물품을 수습하고 정리하기를 좋아한다. 여행·저술·무용 활동 등을 좋아한다.

사회성

일간이 편재성에 앉아, 비전통적인 업무나 많이 일하고 많이 얻는 업무에 종사하는 게 적합하다. 장사에 재주가 있다. 이재에 능하지만 금전과 재물을 크게 중시하지는 않는다. 독재를 싫어하기 때문에 엄격하고 가혹한 것을 싫어한다. 아랫사람을 배려한다. 운을 만나면 눈빛이 결연해지고 목소리가 커지며 의지가 확고해져 업계에서 큰일을 벌일 수 있다. 다른 사람과 합작 경영도 적합하다.

이성 인연

건명은 처의 도움을 얻고, 처가의 도움을 받아 사업 발전에 힘이 되는 일이 많다. 통제욕이 강하고, 선천적으로 다정한 성격 탓에 때로는 도처에 정의 흔적을 남기거나 혼외정사가 있다. 반드시 자아 통제를 해야 한다. 건명은 자신보다 8세 이상 어린 처와 사는 것이 비교적 좋다. 곤명은 정신적으로 충실한 생활에 집착하는 성향이 있다. 남편의 사업과 일정한 거리를 둔다. 남편에게 의뢰하지 않음으로써 남편을 돕는 명에 속한다. 이상적인 혼인 생활을 생각한다면 각자 재정적으로 독립하는 것도 하나의 방법이다. 곤명은 중년에 배우자와 이별하는 재액이 있을 수 있다. 천성적으로 비관적이다. 다만 자신의 생활환경은 크게 차이가 없다. 이를 해결하고자 한다면 30세가 지난 후 만혼하면 된다.

병신

성정

천간 병은 화로, 대단히 뜨거운 불이다. 빛도 강렬하다. 지지 신은 금이다. 병신丙申은 화극금의 의미를 함유한 명격이다. 신금은 호흡계통으로 볼 수 있다. 병화의 맹렬한 연소 아래 병신인은 인후와 기관지 질병에 특별히 유의해야 한다. 길신인 문창성에 앉아 팔자상 특별한 문제는 없다. 학력은 고학력일 것이다. 명격에 충·형이 있더라도 학습의 핵심을 얻을 수 있으며, 종교와 연을 맺을 수도 있다.

평소 행동거지는 급하지 않고 예의 바르다. 사람에게 민감하다. 사랑은 분명하고 극단적이다. 엄숙하고 승부욕이 강하다. 정의감이 있다. 매사 의기가 있다. 성정상 크게 열고 크게 닫는다. 성질은 좋지 않은 쪽에 속한다. 질투와 혐오가 대단하다. 억강부약抑强扶弱의 협객과 같은 행동을 좋아한다. 곤란이나 악한 세력을 만나더라도 쉽게 굴복하지 않는다. 접수한 명령은 마음속에 걸어둔다. 다만 명령의 내용을 배척할 수 있다. 용맹하기가 그지없다. 좋게 보면 직무에 과감하다. 나쁘게 보면 승부욕이 과하다. 인생이 크게 좋거나 크게 나쁘기 쉽다. 대성하거나 나락으로 떨어진다. 개인적인 문제에 관해서는 비교적 충동적이다. 타인과 말로 충돌을 빚기 쉽다. 화가 격해질 경우에는 받아들이기 어려울 정도가 된다. 반드시 자제와 절제가 필요하다.

사회성

명격상 수입이 고정적이지 않은 일이 유리하다. 많이 일하면 많이 버는 직장, 경쟁성이 강한 직업 등이다. 비전통적인 사업 경영에 종사하는 것도 적합하다. 먼저 일정 자금을 준비하는 것도 무방하다. 지나치게 이해득실을 따짐으로써 기회를 잃는 성격을 고치기만 하면 적당한 시기에 대박이 가능하다. 곤명은 전체적으로 운세가 괜찮다. 재운도 보통은 넘는다.

이성 인연

건명은 남자를 돕는 처자를 만날 수 있다. 혼인 후 사업이 번성한다. 처자의 재정적 도움을 받는 인연이 있다. 하지만 대부분 배우자의 통제를 받게 된다. 배우자가 자신보다 4세 이상 어리면 찰떡궁합이다. 다만 주의할 점은 건명이 혼외정사에 빠지기 쉽다는 것이다. 곤명은 성격이 깨끗하고 깐깐하다. 화장도 잘 안 한다. 곤명은 일간이 편재성에 앉아 있는 까닭에 배우자가 대개 자신을 좋아하지 않거나 성질이 나쁜 사람일 수 있다. 해결하려면 비대칭 인연이 좋다.

정유

성정

천간 정은 음화에 속한다. 촛불의 불이다. 불의 밝기는 은은하고 화세는 맹렬하지 않다. 그러나 주위를 밝히기에는 충분하다. 강렬하게 타오를 수 없다. 지지 유는 금에 속한다. 정유丁酉 명격은 화극금의 뜻을 함유하고 있다.

정유 명격은 대개 총명하다. 인연이 좋다. 태도가 품위 있다. 일이 능숙하다. 생각도 괜찮다. 하지만 태생적으로 어울리는 것을 좋아하지 않는다. 괴팍한 면이 있다. 성격은 온화하고 세심하다. 성미는 병화처럼 급하지 않다. 일정하게 강하고, 일순간 폭발력이 있다. 사물을 자기통제하에 두기를 좋아한다. 하지만 사물에 집착하지는 않는다. 적극적이고 진취적이다. 좌절을 두려워하지 않는다. 맡은 일에 책임감이 강하다. 용기와 정력도 좋다. 성정은 급한 편이다. 일 처리에 속전속결을 좋아한다. 성공 때문에 변심하는 오기를 부리지 않도록 조심해야 한다. 권력욕의 추구에도 주의해야 한다.

사회성

편재운이 있다. 기회를 잘 잡고 돈 버는 경영 능력이 있다. 유동적인 재원을 통한 소득이 괜찮다. 많이 일하고 많이 버는 직업이 적합하다. 일생 동안 여러 번의 기연을 만난다. 그에 따라 늘 의외의 소득이 있기 때문에 금전을 그다지 중시하지 않는다. 이재는 있지만 재를 중시하지 않는다. 돈을 쉽게 얻고 쉽게 잃는다. 일생 동안 의외의 큰 지출이 있다. 처사가 가혹하고, 아랫사람에게 과도한 요구를 한다. 매우 유의해야 한다. 명격상 불안정 요소를 감추고 있다. 재정상 크게 일어나고 크게 무너지는 문제가 생긴다. 운기가 쇠락할 때 즉시 지키도록 방침을 바꾸어야 손실이 적다. 역시 상업이 적합하다. 운로상 목의 해가 유리하다. 곤명은 교제에 익숙하다. 대개 교제 위주의 직업을 갖고, 그 가운데 이름을 날린다.

이성 인연

낭만적이고 세심하다. 심사도 괜찮다. 달콤한 감각으로 배우자를 위할 줄 안다. 오午해에 도화운이 왕성하다. 건명은 조건이 좋은 이성을 만날 수 있다. 사업 발전에 도움이 되는 배우자를 얻을 수 있다. 다만 선천적으로 다정한 성격이라 쉽게 얻고 쉽게 잃을 수 있다는 점을 주의해야 한다. 낭만적인 생활을 추구한다. 화류계 여성과 얽히는 일을 피하기 어렵다. 거짓 사랑에 빠지게 된다. 종종 드라마틱한 이합득실이 있다. 반드시 자기 억제를 해야 한다. 그렇지 않으면 생활의 안정에 영향이 있고, 수습이 불가한 결과에 이르게 된다. 곤명의 성격은 열정적이다. 사교 파티가 많다. 하지만 고집 세고 불같은 성격의 남자에게 마음이 뺏기기 쉽고, 대개 그런 성향의 남성을 배우자로 택한다. 그런 배우자와 유쾌하게 살 것을 생각하지만, 혼인 생활이 뜻대로만 되는 것은 아니다. 참고 견뎌야 하고, 배우자와 상호 조절해야 한다. 그래야 감정이 오래가고, 성격 불화로 인한 이별을 피할 수 있다.

무술

성정

천간 무와 지지 술 모두 토에 속한다. 더구나 모두 양토다. 암석·고산에 비유되므로, 견고하고, 쉽게 무너지지 않는다. 움직이지도 않는다. 토의 중첩으로 양토상생의 상이다. 토의 기운이 지나치다.

무술戊戌 명격은 완고하고 집착이 강하다. 주관적이다. 자존심과 자아의식이 강하다. 일정 부분 허영심이 있기 때문에 장식을 좋아한다. 조리 있게 일한다. 솜씨도 있다. 비교적 보수적이다. 승낙을 중시한다. 신용을 지킨다. 일언 중천금할 수 있다. 체력으로 일한다. 새것과 변화를 추구한다. 각고의 노력과 인내를 기울인다. 명운을 건 도전에 용기 있게 나선다. 횡포를 두려워하지 않는다.

사회성

다재다능하다. 제멋대로 한다. 낙관적으로 활동한다. 내심 활력과 투지가 충만하다. 오기와 창조력이 있다. 승부욕이 강하다. 일 처리는 온건하고, 신뢰성 있고, 성실하게 한다. 곤경에 처해도 냉정히 대한다. 영도력이 강하다. 욕망도 크다. 일심으로 완벽을 추구한다. 그 마음을 지킨다. 배우겠다고 생각하면 못 배울 것이 없고, 요구하면 못 이룰 것이 없다고 생각한다. 다만 자기 방식대로 하고 굽히지 않는다. 타인과 합작하기 어렵다. 대개 자기중심적이라 타인을 이해하지 않는다. 아랫사람과 친지에게도 각박한 편이다. 무술인이 개선해야 할 점이다. 괴강의 명이기 때문에 영도력이 출중하다. 태생적으로 일 처리 능력이 뛰어나서, 사업에 적잖은 도움이 된다. 명격은 수를 기피한다. 사주에 수의 충극이 없으면 반드시 부유한 가정 출신이다. 건명은 강경하고 과단성이 있다. 곤명은 귀한 풍모다. 건·곤명 모두 용모가 준수하다. 지식이 높고 결단력이 있다. 글과 학문에 해박하다. 불굴이다. 하지만 속으로 눈물이 내재되어 있고 가정도 화목하지 않다. 가족과 소원하다. 부부 관계는 담담하다. 적게 취하고 많이 내놓아야 타인과 화해할 수 있다. 명 중 수의 충극이 있으면 대성하기 어렵다. 건명은 눈만 높아지고 빈한하게 된다. 곤명은 이혼하기 쉽다.

이성 인연

건·곤명 모두 자신과 비슷한 이성을 찾는다. 그래서 늘 다툼이 생긴다. 건명은 출세의 마음과 의지력이 강하다. 고집이 있지만 총명하고 민첩하다. 창업 능력이 있다. 1~8세 어린 배우자가 적합하다. 사욕을 억제해야 한다. 윤리와 법적 규정의 위반을 피해야 한다. 곤명은 괴강의 영향으로 여걸로 보인다. 사업운도 괜찮다. 하지만 인연운은 그 반대라서, 예전에는 남편을 극하는 것으로 보았다. 현대에는 심성이 강하고 욕정도 중하므로, 마음 맞는 상대를 찾기 어렵고 이혼이 쉽다고 푼다. 반드시 안팎으로 조심하도록 해야 한다. 강과 유를 조절해야 한다. 제멋대로 하는 행동이 혼인 행복에 영향을 미친다. 반드시 유념해야 한다.

기해

성정

천간 기는 음토에 속한다. 습한 토양에 비유될 수 있다. 지지 해는 수에 속한다. 기토는 본래 물을 머금은 습윤한 음토이고 지지 해는 수에 속하는 까닭에, 토극수의 관계라 해도 넉넉한 수기의 영향으로 수를 간직하는 장점이 있다. 하지만 흙탕물이 될 수 있음을 간과해선 안 된다. 성격상 사물에 대해 매우 상이한 태도를 취할 수 있다.

기해己亥인은 대체로 총명하다. 두뇌가 빠르다. 창의력이 충만하다. 조리 있고 이성적이다. 지식욕이 왕성하다. 호기심과 연구심이 있다. 경험이나 이치로 판단하기를 좋아한다. 타인이 자신을 신뢰하는지를 중시한다. 일 처리에 신중하고 본분을 지킨다. 비교적 현상에 안주한다. 현실을 모르는 학자 같다. 이성적이다. 사회 공론을 중시한다. 단체 결정을 존중한다. 품질과 감각을 중시한다. 성욕도 실제 만족을 중시한다. 구체적 사물과 사정에 집착한다. 실질적 이익을 강구한다. 근검절약하며 준법하고 책임감이 있다. 자기 강박적인 행동을 한다. 생활 강박에 노심초사하게 된다. 그래서 타인에게 소극적이거나 인색하고 정이 없다고 느끼게 한다. 장년이 되며 몸은 좋아진다. 하지만 불량한 기호로 만성병에 걸릴 위험이 있으니 주의해야 한다.

사회성

정재를 깔고 있어 충·형이 없으면 일생이 편안하다. 대부대귀는 아니지만 재원이 끊이지 않는다. 열악한 환경을 만나면 유柔로 극을 제할 수 있다. 우격다짐으로 대들지 않는다. 일을 순서대로 한다. 체력과 심력을 크게 소모하지 않는다. 좋지 않은 과거를 돌려놓고 갱신하는 능력이 있다. 맡은 임무를 능히 감당한다. 이상과 현실적 목표를 중시한다. 서비스 정신이 있다. 대중의 사랑과 경애를 받을 수 있다. 사람 대하는 일은 공公과 의義로 한다. 기율이 엄하다. 관대하게 대하는 군자의 풍모가 있다. 사주상 관운이 있다. 정부나 큰 조직에 적합하다. 상업을 택하는 것도 괜찮다. 전통적이고 인기 있는 장사가 좋다.

이성 인연

건명은 정재성인 배우자의 도움을 얻는다. 조혼도, 정상 혼인도 좋다. 곤명의 혼인운도 괜찮다. 역시 정상 혼인이 좋다. 도화운은 자子해에 특히 왕하다. 곤명은 재혼의 기운이 있다. 일반적으로 곤명의 사업이 배우자보다 좋다는 점을 주의해야 한다. 대개 가정경제를 담당하게 된다. 건명은 1~8세 어리고 곤명은 1~4세 많은 배우자가 정상 혼인이지만, 동창이나 친구와 혼인하는 일이 많다. 결혼 후 첫째 아이는 여아인 경우가 많다.

경자

성정

천간 경은 금에 속한다. 경금이라 불리며, 성질이 칼·도끼와 같이 단단하다. 그러므로 경庚 자와 만나면 반드시 손상이 있다. 지지 자는 수에 속한다. 명격은 금생수의 상이다. 오행 금은 의, 수는 지를 대표한다. 자수는 본래 고정된 형태가 없다. 이리저리 유동하고 정처 없이 돌아다닌다. 금의 단단함 덕에 수의 역량이 비교적 안정이 된다.

경자庚子 명격은 반응이 신속하고 재치 있다. 담백하고 솔직하다. 선악이 분명하다. 강건하지만 경솔하지 않다. 자주적이지만 침범하지 않는다. 독립적이고 겁내지 않는다. 명격 중 범죄 의식이 암장되어 있다. 때로 목적의 달성을 위해 수단을 가리지 않는다. 이익을 위해 타인을 상해하고도 알지 못하므로 스스로 경계해야 한다. 자기 방식대로 하는 때가 있는데, 불굴의 강한 성격 때문이다. 반항심이 중하다. 타인과 합작하기 어렵다. 새것과 변화를 좋아하기 때문에 규정을 지키지 않는다. 과장할 때도 있다. 취미도 번잡하다. 넓게 알지만 정통하지 못하다. 토대가 불안정하기 때문에 능력을 넘는 일을 하다가 실패하는 일을 경계해야 한다. 노력을 많이 했어도 말년에 빈한해진다. 영도력이 강하고 다재다능하기 때문에 오만해지기 쉽다. 안하무인의 성격이다. 언행도 자부심이 지나치다. 일을 혼자서 한다. 세속의 구속을 받지 않는다. 오기가 광적인 사람이란 평을 듣기 쉽다.

사회성

지도력이 강하기 때문에 욕망이 크다. 완벽을 추구한다. 불굴의 성격이지만 결단력은 부족하다. 혼자 번뇌하는 일이 많다. 잠재력을 발휘할 수 있다. 두각을 나타내는 때가 있기는 하다. 하지만 학문을 생각해도 학문을 이루지 못하고, 구하려 해도 얻지 못한다. 내심 활력과 투지가 있다. 성격이 날카롭고 인내심도 있다. 일은 체력으로 한다. 맡은 일을 잘하며, 타인보다 훨씬 빠르게 한다. 발전 영역에서 특수한 것을 선택할 수 있다. 반드시 조건이 맞는 사업이나 기회에 성공할 수 있는 분야를 택해야 한다. 연예 사업 · 운동 · 아나운서 · 여행 · 저작 · 춤 · 교육 · 정보 · 연극 · 인사 · 보험 · 재무 · 서비스 등이다.

이성 인연

외모가 준수하다. 애정에 대해 진실하다. 상대보다 더 사랑하는 인연운로다. 죽도록 사랑한다. 따라서 적지 않은 이성을 끌어들일 수 있다. 도화도 많고 성격도 개방적이기 때문에 사욕을 극제해야 하고, 윤리 위반을 피해야 한다. 그런 성격 탓에 건명은 사랑하는 사람을 택하는 일이 많다. 특별히 가까운 배우자를 만난다. 따라서 결혼 후 배우자의 신체 건강에 주의해야 한다. 곤명은 미모와 지혜를 겸비했다고 할 수 있다. 성격도 제멋대로이고 낙관적이다. 활동을 좋아하고 솔직하다. 적지 않은 남자들이 사랑을 구한다. 완벽을 추구하지 않는다면 배우자를 찾기는 어렵지 않다. 하지만 결혼 후 상호 존중에 신경 써야 한다. 제멋대로인 성격 탓에 혼인 후 행복이 영향 받지 않도록 해야 한다. 첫째 아이는 대개 아들이다.

신축

성정

천간 신은 음금에 속한다. 도기를 장식하는 금과 같이 성질은 유약하며, 존귀하고 사랑스럽다. 지지 축은 토에 속한다. 신축辛丑 명격은 금이 비록 토의 생을 받지만, 축토는 두텁기 때문에 토다금매의 형세다. 금의 특징이 매몰되고 자생력도 결핍된다.

신축인은 대개 심지가 깊고 두텁다. 생각은 보수적이다. 사람과 다투기를 싫어한다. 자아의식은 강하지만 권리를 쟁탈하지 못한다. 본성이 온유하고 다정하다. 감성적이다. 예술성이 있다. 때론 생각이 비현실적이다. 잡다한 생각으로 신경쇠약이 된다. 불통이라 생각할 때 머리가 터진다. 반드시 정확한 스트레스 해소 경로를 찾아야 한다. 건명은 간단한 운동이 좋다. 곤명은 에어로빅댄스·요가 등이 좋다. 음식 타박은 하지 않는다. 평소 정찬 외에 간식을 먹는다. 소화불량이 되기 쉽다. 개성은 내성적이다. 자신의 생각을 감히 드러내지 못한다. 부끄러워하는 성격이다. 감정 표현을 잘 못한다. 다행히 귀인운이라 여러 방면에서 적잖은 도움을 받는다. 건·곤명 모두 전통을 좋아한다. 가정 관념이 중하다. 모친의 영향을 많이 받아 가정 책임을 중시한다. 가정에 기여하는 가족이 되는 것을 좋아한다. 끊임없이 지출할 수 있다. 다만 내성적이라 표시를 잘 못한다. 좋은 일을 하고도 종종 역효과가 날 수 있다. 타인을 위해 많이 지불하지만 타인은 정을 잘 받아주지 않는다.

사회성

장기적인 계획과 계산을 잘한다. 자신의 표현에 대한 타인의 칭찬에 신경 쓰지 않는다. 참여하지만 이해득실을 크게 생각하지 않는다. 독재를 좋아하지 않는다. 동시에 자신을 강박해 일하는 것도 좋아하지 않는다. 전체적인 국면을 고려해 일할 수 있다. 이견이 없는 일부터 진행한다. 목표 달성을 위해 노력한다. 보좌나 후원자를 많이 얻지 못한다. 명격의 특징은 소통하고 이치 있게 처사한다는 점이다. 하지만 사람과는 소원하다. 또한 사람의 영향을 받기 쉽다. 외부의 방해를 받기도 쉽다. 귀가 얇다. 자기 주견이 없다. 유혹에 빠져 일을 그르치기도 쉽다. 일 처리에 원칙을 견고히 지켜야 패퇴망신을 면할 수 있다.

이성 인연

집에 머무르기를 좋아한다. 내향적인 성격이다. 수동적으로 감정을 처리한다. 사랑을 주도적으로 하진 못한다. 오午해에 도화운이 왕성하다. 타인이 자신에게 맞는다고 추천해주어야 이성을 아는 기회가 된다. 다행스럽게도 결혼 후 생활은 화목하다. 배우자가 지지해준다. 배우자가 가정일로 괴롭히지 않는다. 친구는 많지 않기 때문에 때론 외로움을 피하기 어렵다. 그러한 고독감을 종종 정욕으로 발산하게 된다. 심신 건강에 나쁘지만 알지 못한다. 곤명은 대개 보통 이상의 용모를 갖는다. 도화운 역시 매우 좋다. 내향적인 성격을 고치면 혼인운도 좋다. 결혼 후 첫째 아이는 여아가 많다. 천간이 임수인 사람을 만나면 상부상조해 사업을 성취한다. 결혼도 임수의 남성이 적합하다.

임인

성정

천간 임은 수에 속한다. 임수는 바다·강과 같고 절대 그치지 않는 물과 같다. 산을 무너뜨리는 홍수가 될 수도 있으니, 위력이 막강하다. 지지 인은 목에 속한다. 명격상 수생목의 상이다. 임수는 역량이 막강하다. 목을 생왕한 후 자신에 대해서는 영향이 크지 않다. 임인壬寅은 명격상 인목의 특성을 갖는다.

임인 명격이 사주에 임이 또 있으면 대부대귀의 명으로 논해지기도 했다. 기지가 있고 총명하다. 명격에 문창성이 있어 문필 표현 능력이 매우 뛰어나다. 논리가 막힘이 없다. 형이상학·철학에 천부적인 재질이 있다. 연마에 방해가 없다면 재능을 발휘한다. 이치를 따지길 좋아한다. 타인과 말로 충돌하는 일이 잦고, 화에 이르기 쉽다. 또한 지심의 친구를 얻기도 어렵다. 승부욕이 있기도 하고, 보복심을 갖는 경우도 있다. 크게 실패할 수 있다. 혈광지재血光之災를 조심해야 한다. 범사를 화합으로 대해야 귀하게 된다. 오랜 우정이 말싸움 한 번으로 원수 관계로 바뀔 수 있다. 현실적인 물질세계를 중시한다. 정신과 물질 간의 협조도 중시한다. 물건 조작을 잘한다. 하지만 사물에 집착하는 것은 아니다. 성격은 낙관적이고 진취적이다. 하지만 낙관이 지나쳐 현실을 이탈하는 면도 생긴다.

사회성

영도領導의 욕망이 있다. 승부에 엄숙하다. 활달하여 작은 일에 거리낌이 없다. 민감하고 진실성이 있다. 남을 돕는 데 열심이다. 극단을 비교적 좋아한다. 거짓과 사기 행위를 싫어한다. 하지만 때로 마음이 흐트러지기도 한다. 내심 공허하다는 생각을 하기도 한다. 자유를 좋아한다. 일처리는 조리 있다. 위급 시에도 정연하게 대응할 수 있다. 장기적 계획과 계산을 잘한다. 하지만 과단성은 부족하다. 결정 후 번복한다. 응용 능력도 모자란다. 하지만 투기를 좋아한다. 시작은 하지만 결과를 알 수 없다. 긴장하면 담이 약해진다. 생각이 너무 많아 성공할 기회를 잃는 경우가 다반사다. 수입이 불안정한 분야에 종사하는 게 적합하다. 서비스 분야와 같이 많이 일하고 많이 버는 분야가 한 예다. 경쟁성이 크지 않은 일은 부적합하다.

이성 인연

일반적으로 배우자에 대한 지출이 매우 많다. 사랑도 아프게 한다. 결혼 후 서로 융합한다. 도화운은 묘해에 있다. 온유 선량한 배우자를 택하는 경향이 있다. 내성적이고 다정한 사람이 배우자가 된다. 건·곤명 모두 비대칭 결혼이 적합하다.

계묘

성정

천간 계는 수에 속한다. 비 같고 이슬 같아서 만물을 습윤하게 하기에 충분하다. 지지 묘는 목에 속한다. 명격은 수생목의 상이다. 생왕으로 묘목은 지혜·문필이 아름답다.

계묘癸卯 명격에는 문창성과 학당 귀인이 있다. 문예뿐 아니라 학업도 좋아하고 학업의 결과도 좋다. 사주에 문제가 없으면 대개 고학력자가 된다. 충·형이 있어도 학식이 높기 때문에 문필이 출중하다. 상상력이 풍부하다. 이해력도 좋다. 사고력과 기억력이 뛰어나다. 명예에 매달리지는 않지만, 출세 욕망은 강하다. 표면상 극력 쟁취는 생각하지 않는 것 같지만, 잠재의식에 물질 욕망이 매우 강하다. 만일 만족하지 못하면 소비와 행락으로 불만을 해소한다. 따라서 폭음·폭식과 방만한 소비 경향이 있다. 하지만 욕망이 매우 강하면 발산한 후에도 내심 공허감과 적막감을 느낀다. 적막감이 정욕 발산으로 바뀌어 건강에 해가 될 수 있다. 정신 수양이 필요하다. 종교 외에 다양한 사회적 업무에 참여하는 것도 도움이 된다.

사회성

온화하다. 인연이 좋다. 총명하다. 조리 있게 일한다. 발전의 야심과 영도의 욕망이 있다. 평정심·민감성이 있고 환상을 좋아한다. 타인을 위해 헌신할 수 있다. 타인의 작은 문제에 관심이 있고, 그에 대해 잘 말한다. 전문적으로 학습할 수 있다. 세밀하게 생각한다. 관찰력이 높다. 교육·의료·전업 작가 등의 전문 분야 종사가 적합하다. 천시지리에 부합한다면 반드시 종사 분야에서 혁혁한 성과와 명망을 얻는다.

이성 인연

건·곤명 모두 도화운이 괜찮다. 특히 자子해에 좋다. 성격이 사람을 편하게 한다. 외모도 시원한 느낌을 준다. 데이트 기회도 많다. 다만 혼인길에선 오락가락하여, 대개 혼담으로 이어지지 않는다. 요구가 높기 때문이다. 취미를 중시한다. 감정생활을 중시한다. 정신과 물질의 조화도 중시한다. 동시에 전통 예절도 중시한다. 트집도 많아서, 배우자에게 압력이 되지 않을 수 없다. 만약 배우자가 요구를 해결할 수 없다면 계속 잔소리를 해댄다. 그러한 압력이 이혼의 빌미가 되기 쉬우므로, 소통이 원활해야 한다. 예술 공연을 함께 감상하든가, 양보다 질을 중시하는 미식을 즐김으로써 서로 감정을 조절할 수 있다.

갑진

성정

천간 갑은 목을 대표한다. 지지 진은 토에 속한다. 명격은 목극토의 상이다. 나무의 뿌리가 진흙에 얽매여 있다. 명격에 물도 모자란다. 그래서 본성이 자아의식에 극제를 당한다. 약간 이중적인 성격이 된다.

갑진甲辰인은 대체로 패기 있게 일한다. 패배를 인정하지 않는다. 전진만을 생각하고, 유혈을 두려워하지 않는다. 매사를 비슷하게 본다. 세밀함이 부족하다. 일 처리는 두루 잘하지만, 탄력성과 융통성이 부족하다. 이중적인 성격의 성향이 있다. 보수적인 성격이다. 때론 부실하다. 때론 외향적이다. 때론 우수에 빠진다. 갈피를 잡지 못하게 한다. 정서 통제에 능하지 않아 친구를 잘 사귀기도, 잘 잃기도 한다. 이중성격을 고칠 수 있다면 무엇이든 할 수 있는 재목이므로 바로 성취할 수 있다. 건명은 일반적으로 건강이 나쁘다. 폐 질환을 조심해야 한다. 신경질이 있다. 겉으로는 낙관적으로 보이지만, 내심은 늘 성격 모순의 고뇌에 싸여 정신적 문제가 있다.

사회성

반짝 집중하는 성격이다. 퇴폐하기 쉽다. 열정이 차갑게 된다. 돈과 재물에 시원스럽다. 박애심이 있다. 자신의 욕망을 중시하지 않는다. 호방강개한 성격이라 금전을 중시하지 않는 습관이 있다. 그러므로 가치 있는 부동산에 투자해야 한다. 장사운도 있다. 육감이 강하다. 융통성 부족과 우유부단한 일 처리를 개선한다면 큰 사업을 할 수 있다. 변화에 대한 대응 능력을 강화해야 한다. 그렇게 하면 운을 살릴 수 있다. 야심이 있다면 두각을 나타낼 수 있다. 다만 재운이 보통이라 전통적인 장사를 하는 것이 낫다.

이성 인연

건명은 본성적으로 규칙을 따른다. 대부분 배우자가 많이 통제한다. 명에 금수레살·꽃가마살로 불리는 길성 금여金輿가 있다. 처의 도움과 재산을 얻거나, 재산이 많은 배우자를 얻는다. 남의 눈에 종으로 보이기 쉽다. 태생적으로 주색잡기를 절대 못한다. 결혼 후 형제와 처의 관계는 나빠진다. 하지만 형제를 고소하지는 않는다. 마음속으로 불쾌함을 삭인다. 곤명은 현처양모상이다. 부자 배우자를 만나기 쉽다. 하지만 배우자는 대개 패기가 부족하다. 받아들일지 여부는 스스로 결정할 일이다. 묘해의 도화운이 비교적 왕하다.

을사

성정

천간 을은 음목이다. 등나무 덩굴 같은 초목으로, 유약하지만 강인하다. 지지 사는 화에 속한다. 명격은 목생화의 의미가 있다. 을이 음목에 속하므로 성질은 음하고 유하다. 사화의 연소를 돕는 역량은 비교적 쇠약하다. 많은 노동에 비해 소득이 적은 명격이다.

을사乙巳인은 다재다능하지 않으면 생김새가 맑고 수려하다. 두 경우 모두 교만함을 내포하고 있다. 일은 감각에만 의존하기도 한다. 하지만 결정한 후에는 후회하기 쉽다. 취미가 대단히 잡다하다. 넓게 알지만 정통하지 않다. 본인의 능력을 넘는 일을 하게 되지만, 종종 뿌리가 견고하지 못해 실패한다. 다행스럽게도 들풀은 타 죽지 않고 봄바람이 불면 다시 살아나듯, 실패에 무너지지 않는다. 의지력은 꽤 강하다. 내심 활력과 투쟁정신이 충만해 있어서 과로하기 쉽다. 건강에 매우 주의해야 한다.

사회성

작은 규모라도 독립한다. 실무를 중시한다. 허투루 말하지 않는다. 일에 몸을 바쳐 적극적으로 대하는 성향이다. 새로움과 변화를 찾는다. 자신의 방식에 집착한다. 일의 성취감을 좋아한다. 타인이 자신을 긍정적으로 본다고 생각한다. 욕망 역시 크다. 금전을 좋아하고 또 귀하게 여긴다. 때로는 금전 중시가 과해 각박하고 무정하다. 마음속으로 늘 완벽한 생활을 그린다. 때로는 탐심을 갖고 커다란 성과를 생각한다. 귀인의 도움이 있어야 사업에서 큰 성공을 이루기 쉽다. 곤명은 마음 내키는 대로 한다. 남을 배려한다. 천진난만하게 활동하며 창조력이 있다. 강약을 조절할 수 있다면 예술·교육·연예 사업 등에 종사할 경우 비교적 성공하기 쉽다.

이성 인연

일주가 목욕도화에 앉아 있다. 도화운이 매우 강하다. 성에 대해서도 역시 개방적인 태도를 갖고 있다. 성격은 차분하고 소박하다. 구속을 싫어한다. 개성은 승부욕이 강하고 이율배반적이다. 일반적으로 감정적인 문제를 잘 처리하지 못한다. 유동적인 것과 새로운 것을 탐한다. 성적 수요 역시 비교적 높다. 수시로 변화하는 재미를 누리기 좋아한다. 그리고 그중에서 만족을 얻기를 갈망한다. 있을 때 즐긴다는 유형이다. 평소 상당한 의지로 육욕의 만족을 꾀할 수 있지만, 나태하여 혼외정사·성적 분규·외도 등에 빠지기 쉽다. 건·곤명 모두 혼인 문제로 고생할 필요는 없다. 비교적 재산이 넉넉한 상대를 만나기 쉽다. 배우자를 택할 때 세심하게 신경 쓰는 게 좋다. 건명은 외적으로는 온유한 특징이 있다. 배우자를 끔찍이 아낀다. 다만 사욕 억제에 주의해야 한다. 그래야 혼인 생활이 아름다울 수 있다. 비대칭 결혼이 좋다. 곤명은 안팎으로 용납이 되는 혼인을 해야 한다. 마음 내키는 대로 하여 혼인의 행복이 영향을 받지 않도록 해야 한다. 정상 혼인이 좋다. 배우자가 8세 이하로 연상인 것이 좋다. 도화겁을 피하기 위해 혼인을 늦추는 것도 괜찮다. 건명 36세, 곤명 30세 이후면 도화겁을 면한다. 조혼은 생각의 미성숙으로 이혼으로 이어질 수 있다. 오午해의 도화는 더욱 유의해야 한다.

병오

성정

천간 병은 화에 속한다. 순양으로 강렬한 태양이다. 지지 오 역시 화에 속한다. 또한 양화다. 병오丙午는 양화가 상쟁한다. 화의 기운이 비정상적으로 맹렬한 상이다.

병오 명격은 독단적이다. 전횡한다. 횡포를 두려워하지 않는다. 일 처리에 담대하고 혁신적이다. 간난신고艱難辛苦를 두려워하지 않는다. 매우 급진적이다. 새것과 변화를 구한다. 반응이 신속하다. 맡은 일에 용감하다. 자존심도 강하다. 권위 있다. 완벽을 추구하는 경향이 있다. 가족이나 친구와 다투기 쉽다. 타인을 참고 견디는 게 필요하다. 병오인과는 서로 상처받을 수 있다. 병오인은 반드시 고쳐야 할 문제다. 건·곤명 모두 급하다. 굽히지 않는다. 반항심이 크다. 성격이 비슷한 배우자를 택하기 쉽다. 서로 다투기 쉽고 다툼이 그치지 않는다. 자신의 명예를 존중하고 긍정하는 타인을 중시한다. 은혜를 베풀었을 때 타인이 자신에게 감격하기를 원한다. 가족 관계는 비교적 열악하다. 구설과 시비도 많다. 육친에게 안면 몰수하는 성질이 있다. 가족 사이에 시비를 만드는 자로 치부되는 일이 많다.

사회성

일 처리에 힘이 있다. 목표를 포기하지 않는다. 체력적으로 일을 한다. 백절불굴이다. 앞만 보고 달린다. 처사가 분명하다. 하지만 합작하기는 어렵다. 때로 직선적인 처리가 지나쳐 공격성으로 나타난다. 권세 추구를 좋아하고 욕망이 크기 때문에 남을 억누르려고 한다. 대인 관계에서 오만하다. 투기를 좋아한다. 권력욕이 강하다. 명예를 좋아한다. 나서기를 좋아한다. 자기주장에 집착한다. 늘 안하무인이다. 새것을 좋아하고 옛것을 싫어한다. 규제를 파괴하는 성향이 강하다. 내심 활력과 투지가 충만하다. 늘 타인의 성취보다 자신이 월등하다고 여긴다. 영웅주의 성향이다. 따라서 발전 영역은 특수한 면이 있다. 예술·연예·체육 등 일정한 조건이 갖추어진 전문 분야가 적합해서, 영웅적인 스타나 선망의 대상으로 성공할 수 있는 분야다.

이성 인연

건명은 곤명에게 밝고 다정히 대한다. 배우자와 감정 관계는 파동을 겪는다. 신체 접촉도 많지 않다. 그래서 처가 폭발하기 쉽고, 오래되면 악처가 된다. 옛날에는 극처명의 하나로 보았다. 만혼이 좋다. 비대칭 결혼이 좋다. 곤명은 개성이 매우 강하기 때문에 감정 면에서는 비교적 담담하다. 배우자와 장기적으로 은혜와 사랑의 관계를 유지하기는 어렵다. 명격상 남성과의 연분이 박하다. 명격에 괴강이 있는 남성이 괜찮다. 괴강 명격은 일주가 경진·경술·임진·무술인 사람이다. 괴강 명격 남자는 성미가 좋지 않다. 서로 참고 견뎌야 화합할 수 있다.

정미

성정

천간 정은 음화에 속한다. 촛불과 같아서, 광도는 은은하고 화세는 맹렬하지 않다. 주변을 밝히기에는 족하지만 열은 강하지 않다. 지지 미는 토에 속한다. 정미丁未는 화생토의 명격이다. 화력은 약하지만 도울 수 있다. 상대적으로 보면 화의 본성이 비교적 약하고 토의 성격이 강하다. 일반적으로 글이 유창하다. 하지만 예술적인 표현력은 미흡하다.

정미인은 대인 관계에서 우의를 중시한다. 아울러 거리를 유지한다. 군자지교에 어울리게 관계가 물처럼 담담하다. 대개 공공질서와 법을 잘 지킨다. 공중 관계의 일에 흥미를 갖는다. 일 처리는 대개 자기중심적이고 자기주장을 고수한다. 타인의 입장에서 생각하지 않는다. 고집을 부리기 쉽다. 매사 자신의 아이디어를 먼저 채택함으로써 타인과 화목하게 일을 처리하기는 어렵다. 친구는 많지만 각박하고 소통이 부족해 친구가 소인배로 변하기 쉽다. 자아 가치를 강조한다. 타인의 의견을 반박하지는 않지만, 수용하지도 않는다. 처사는 냉정하고, 행동은 교만하다. 하지만 장기적인 계획과 계산에는 익숙하지 않다. 두뇌 운동을 좋아한다. 잡스러운 생각으로 신경쇠약이 될 수 있다. 생각이 청고하기 때문에 은연중에 평범하지 않다고 자부하는 습성이 있다. 조울 증세가 그치지 않는다. 화병이 날 수도 있다. 반드시 주의해야 한다.

사회성

믿음이 가득한 생활을 한다. 일 처리 능력이 있다. 자존심이 강하고 패배를 거부하기 때문에 시작한 일은 포기하지 않는다. 일에 착수하기 전, 자신의 범위를 알고 분에 넘치는 일을 구하지 않도록 해야 한다. 그래야 실패 시에 난감함을 면할 수 있다. 원칙에 따라 일하고, 자존심이 강해 일할 때는 전력을 다한다. 자기 의견을 견지하길 좋아한다. 잘못을 인정하지 않는다. 타인의 말을 거의 듣지 않는다. 집착하는 성격이라 자신의 입장과 생각을 바꾸기 쉽지 않다. 타인에게 독재적이고 가혹하며 전제적이란 인상을 준다. 사교 활동에 참여하는 것도 좋아하지 않으며, 의미가 없다고 생각한다. 공직이 적합하며 고위 관료가 될 기회가 있다. 커다란 단체나 조직에서 일하는 것도 괜찮다. 명예를 중시하기 때문에 자신이 싫어하는 일을 할 수도 있다. 중년에 장대한 포부를 갖는다. 목표 달성 후에는 예상외로 조기 용퇴한다.

이성 인연

낭만적이다. 다정하다. 정욕에 민감하다. 도화운이 왕성할 뿐 아니라 유혹에 빠지기도 쉽다. 얼굴을 대하고 사랑을 구한다. 정에 움직여 받아들이기 쉽다. 주변에 이미 대상이 있어도 다른 여성을 찾을 수 있다. 가장 나쁜 점은 45세 이후에도 이러한 운이 있다는 점이다. 미해에는 더욱 유의해야 한다. 배우자의 가족과 소통이 부족해 관계가 좋지 않다는 점을 주의해야 한다. 건명은 마음이 세심해 여성에게 안정감을 느끼게 할 수 있어서, 마음에 둔 대상을 얻기 쉽다. 곤명은 개성이 강하기 때문에 주변인과 기 싸움을 좋아한다. 적극적인 구애자의 유혹을 받기 쉽다. 대개 불장난이 될 수 있다. 자子해에 혼인운이 비교적 순조롭다.

무신

성정

천간 무는 토에 속한다. 무토는 굳세고 높은 산이며 견고해서 무너지지 않는다. 지지 신은 금에 속한다. 무신戊申 명격은 토생금의 형상을 갖고 있다.

무신 명격의 눈매는 대개 꿋꿋하다. 목소리가 힘이 있다. 명령 내리기를 좋아한다. 강박에 의해 일하는 것을 싫어한다. 오만방자하다는 느낌을 주기 쉽다. 자기과시를 한다. 성격이 민감하다. 문예와 가무 방면에 관심이 매우 크다. 극단적인 면을 좋아한다. 정서가 수시로 변한다. 활동력이 강하다. 투기를 좋아하지만 매사 조심한다. 적극적이지만 인내력은 부족하다. 이해력이 부족하다. 생각은 많이 하지만, 실제 행동은 주저하는 경향이 있다. 타인과 소통이 부족하다. 인간관계는 보통이다.

사회성

일 처리에 안정성이 부족하다. 시작할 때 맡은 일에 용기 있게 대든다.

좌절을 두려워하지 않는다. 초지일관한다. 남의 충고를 듣지 않고 독자적으로 한다. 하지만 대개 초장에만 열을 낸다. 지구력이 필요한 일은 끝마치기 힘들다. 일정 시간이 지난 뒤 느슨하게 변한다. 또한 지나치게 득실을 고려해 실기한다. 늘 자기 한도를 정하고 외부의 영향으로 결정하기 쉽다. 감정적으로 일하기 쉽다. 능력에서 벗어나는 일을 하지 않도록 주의해야 한다. 현실 도피로 자신의 욕辱을 면하려 하는 점을 주의해야 한다. 성격상 모순이 많으며, 이를 개선하지 않으면 대성하기 어렵다. 명국상 문창성이 있어 총명하다. 말이 유창하고 글도 뛰어나다. 학력과 지식은 높지 않다. 감성과 예술 표현성은 매우 좋다. 재능을 발휘하여 언어·문필·두뇌 관련 업무 분야에 종사할 수 있고, 사진·교육·대화·여행·상담 업무 등 문과에 기초를 둔 분야가 좋다. 성격상 안정적이지 못하고 편재성이 있다. 통제를 받지 않으며 많이 일하고 많이 버는 자유 직업이나 자문 업무 같은 비주류 업무에 종사할 수 있다. 그러면 이상적인 성과를 얻을 기회가 있다. 곤명은 관리·재무 능력이 있다. 관련 분야 업무에 종사할 수 있다. 사업상 선택 분야가 많다.

이성 인연

배우자를 매우 사랑한다. 감정상 상대보다 훨씬 많이 신경을 쓴다. 하지만 명격상 배우자 가족과의 관계는 좋지 않다. 심하면 나쁘기까지 하다. 결혼 후 절대로 처가 가족과 동거하지 말아야 한다. 그렇지 않으면 편안할 날이 없다. 다툼이 그치지 않는다. 배우자는 좌우로 곤란해져 감정에 영향을 받는다. 곤명은 일지가 식신에 앉아 있기 때문에 배우자가 대개 외향적이고 다정한 사람이다. 민감하고 정서적으로 불안정하기 쉽다. 유해에 도화운이 비교적 왕하다.

기유

성정

천간 기는 음토에 속한다. 습한 토양에 비유할 수 있다. 수분을 함유해 생물을 번식시킬 능력이 있다. 지지 유는 금에 속한다. 기유己酉 명격은 토생금의 상을 갖고 있다.

기유 명격의 성격은 온화하다. 인연도 괜찮다. 묵묵히 일하기를 좋아한다. 대개 일은 느리다. 현상에 만족하기 쉽다. 자선 참여를 좋아한다. 사람과 다투는 데 서투르다. 뛰어난 어문 표현력이 있다. 예술 표현성도 뛰어나다. 문학·예술에 흥미가 있다. 학업 역시 괜찮다. 명 중 충·극이 없으면 학력이 높고 학식과 문필의 조예가 출중하다. 대개 최고 학위 과정까지 학습한다. 심지가 강하다. 사소한 일도 아는 것을 즐겁게 하며 태도가 매우 공손하다. 생활 취미를 중시한다. 하지만 일할 때 연회와 환락을 즐기기도 한다. 대개 향락주의를 지향한다. 정신생활과 물질생활의 조화를 중시한다. 만일 정신적인 스트레스를 풀지 못한다면 견디기 어려운 생활이 이어질 수 있다. 즐기는 일에 돈 쓰기를 좋아한다. 잘 먹고, 잘 입고, 잘 쓰는 데 신경을 쓴다. 늘 자신이 산 것이 무엇인지 어리둥절할 정도다. 향락을 절제해야 한다. 불필요한 폭음·폭식도 주의해야 한다. 신체 건강에 영향을 미친다.

사회성

사고가 이상주의에 편향되어 있다. 독재와 가혹을 싫어하고, 유유자적을 좋아한다. 일 처리에 박력은 부족하다. 인내력 역시 부족하다. 마음이 안정적이면 마치 극력 쟁취를 생각하지 않는 것 같다. 사업적 의욕과 뜻을 볼 때 오직 사상적 면을 우선적으로 생각한다. 생각은 많고, 행동이 적다. 일할 때 늘 체력 부족을 자각하고 피로하기 쉽다. 또한 자신을 과신하기 때문에 구체적인 실행 능력과 심지가 부족하다. 갖고 있는 실력에 비해 말이 많다고 느끼게 한다. 조작하는 일이 필요한 업무를 비교적 잘할 수 있다. 기술 관련 업무 등에 종사하는 게 적합하다. 성공하기 위해선 반드시 용두사미적 성격을 고쳐야 한다.

이성 인연

건·곤명 모두 결혼운은 순조롭다. 특히 오午해에 도화운이 왕하다. 정상 혼인이 적합하다. 건명은 1~8세 연하, 곤명은 1~8세 연상이 좋다. 준수한 상대를 만날 가능성이 높다. 외모가 출중한 배우자를 얻을 기회가 있다. 언변이 좋고 외교 능력이 뛰어난 사람도 이상적인 배우자의 대상이다. 지지 유에는 풍류 도화도 있고 주색의 땅이란 의미도 있기 때문에 밤의 향연을 좋아하게 된다. 도화겁을 잘 막아야 한다. 때로는 감정이 적막감으로 바뀌거나 정욕 발산을 생각하기 때문에 심신 건강에 위해를 받는다. 하지만 자신은 모른다.

경술

성정

천간 경은 금에 속한다. 경금은 굳세고 딱딱하다. 강철 칼이나 도끼처럼 파괴력이 강하다. 지지 술은 토에 속한다. 경금이 술토의 생왕을 받는다. 경금이 더욱 강력해진다.

경술庚戌 명격은 늠름하고 대의가 있다. 영웅적이고 호방한 성격이다. 친구를 의로 대하고 소통한다. 유혈을 두려워하지 않는 정신이 있다. 독자적으로 일을 처리한다. 행동으로 사건을 해결하려고 한다. 사회 공적 제도나 규제를 중시하지 않는다. 육감이 강하다. 현학과 철학에 재능이 있다. 사주에 화火 투출로 인한 파격이 없으면 부유한 가정에서 출생했을 것이다. 명은 강하지만, 형제 가족의 연분이나 감정은 보통이다. 부부 관계 역시 담담하다. 적게 취하고 많이 내놓거나, 앞서나가지 말고 뒤에서 가야 다른 사람과 화해할 수 있다. 원국이 파국되면 학문을 이루기 어렵다. 일 처리에 눈만 높다. 빈곤한 일만 많다. 몰입하기 싫어한다. 초심을 지키기 어렵다. 제멋대로 행동한다. 새것을 탐하고 옛것을 싫어한다. 많이 공부해도 정통하지 못하다. 여자·권력·욕망을 탐한다. 그래서 곤명은 제삼자가 되기 쉽다. 윤락 세계에 빠질 수도 있다. 세운에 정화는 나쁘다. 운기가 거꾸로 바뀐다.

사회성

명격에 괴강살이 있다. 살기가 강하다. 충동적이다. 영민하다. 다재다능하다. 수시로 변한다. 명에 홍염도화살도 있다. 대개 외모가 준수하다. 사람을 혹하게 할 수 있다. 성정은 중간인 경우가 많다. 교제를 잘한다. 인연도 좋다. 전체적으로 학습 능력이 강하다. 지모가 많을 뿐 아니라 야심도 만만하다. 영도력도 출중하다. 태생적으로 두목의 재목이다. 사람을 게으름 피우지 않고 열심히 하도록 이끌 수 있다. 본인의 일 처리 능력 역시 뛰어나다. 사업에 적잖은 도움이 된다. 성격이 강하고 고집이 세며 화합을 잘 못한다. 같이 지내면 마찰이 생긴다. 시비를 만드는 자로 인식되기 쉽다. 평소 주의해야 한다.

이성 인연

감정이 풍부하다. 정욕에 민감하다. 은밀하게 이성을 끌어당기는 능력이 있다. 이성 인연이 좋으며, 생활이 다채롭다. 늘 이성의 도움을 받는다. 천성적으로 낭만적이고 다정하기 때문에 찾는 이에게 사랑을 보낸다. 정에 움직여 상대를 받아들이기 쉽다. 주변에 이미 교제 상대가 있는데도 다른 이성을 찾을 수 있다. 본인의 의지가 견고하지 않으면 풍류 음사가 그치지 않기 쉽다. 애정 운세가 불안정하기 쉽다. 상대를 죽을 만큼 사랑할 수 있다. 상대에 대해 종종 지나친 사랑 표현으로 감정을 유지한다. 명에 괴강이 있어 명은 강하고, 친척을 극하고 육친과의 인연이 대개 박하다. 명에 금여도 있어 처의 도움과 재산을 얻는다. 10세 이상 연하의 처가 좋다. 곤명은 외모 외에 체격도 출중하여, 미모와 지혜를 겸비한다. 명에 괴강이 있기 때문에 성격이 강하다. 사업형의 여성으로, 반드시 성공한다. 혼인은 순조롭지 않을 것이다. 적잖은 남성이 달려들지만 마음에 드는 대상을 만나기는 어렵다. 명격에 극부의 상이 있어 30세 이후 연상의 남성과 혼인하는 것이 적합하다.

신해

성정

천간 신은 금에 속한다. 음하고 유한 금이다. 성질이 유약하다. 윤기 나고 미끄럽다. 지지 해는 수에 속한다. 신해辛亥의 명격은 금생수의 상이다. 온유한 신금이 부드러운 해수를 자양하므로 특별하게 부드러운 정감의 물이 된다. 하지만 해수 찬물이 더욱 차갑게 변할 수도 있다. 시원하게 사람을 대할 뿐 아니라 처사도 적절하다.

신해인은 대개 순진하다. 창조력이 있다. 기능성을 추구한다. 하지만 승부욕은 냉철하다. 현실주의의 경향이 있다. 돈을 귀하게 여긴다. 돈도 잘 번다. 생활 안정을 중시한다. 일할 때 자질구레한 득실을 따질 수도 있다. 그러나 소탐대실로 후회하게 된다. 보통 수준 이상으로 자신을 사랑한다. 자신에 대한 관심과 보호가 조금 지나치다. 자신과 관련된 재물에 대한 주의도 지나치다. 육감이 뛰어나다. 하지만 일할 때 감각에 의존해서는 안 된다. 공교롭게도 성공한 것은 모두 운에 따른 것이기 때문에 탐심이 생기기 쉽다. 결국 얻는 게 없다.

사회성

온화하고 맑다. 감정을 중시한다. 처사는 불편부당하다. 타인과 융합한다. 하지만 마음속으로 체면을 중시한다. 추종하고 영합하기를 좋아한다. 타인의 찬사와 긍정을 중시한다. 타인과의 대처에 익숙해 말을 잘한다. 일을 쉽게 할 수 있다. 타인과 다투지 못한다. 공공 관계·인력 자원·고객 서비스 분야의 업무를 택할 수 있다. 타인과 합작이 적합한 명격이다.

이성 인연

목욕도화에 앉아 있다. 매력이 넘친다. 매력을 발휘할 줄 안다. 사모하는 사람의 눈에 이상적인 연인으로 각인된다. 성적 욕구도 높다. 갈망을 따르면 만족을 얻는다. 대개 정욕이 이지를 능가한다. 외도나 하룻밤의 정분이 일반인보다 많다. 건명의 개성은 음하고 유하다. 대개 유행을 따르는 남성이거나 시류를 따르는 미남이다. 우유부단한 경우도 많다. 외형이 청수한 배우자를 선택하려고 한다. 결혼운도 괜찮다. 다만 성 관념이 개방적이라 감정이 생활을 괴롭게 하고 파동을 발생하게 하기 쉽다. 스스로 곤경에 빠진다. 다행한 것은 가정과 처자에 대해 책임을 진다는 점이다. 욕심을 억제할 수 있다면 행복한 생활을 할 수 있다. 곤명 역시 외모가 출중하다. 피부가 희다. 농염한 섹시미를 생각하지 않으면 물과 같이 온유한 미녀일 것이다. 들이대는 남성이 매우 많다. 하지만 지아비를 극제하는 상관을 깔고 앉아 남편과의 정은 박하다. 또한 목욕도화에 앉아 정욕 문제에 개방적 태도이고 즐길 수 있을 때 즐긴다고 생각한다. 생활 중 작은 도화를 많이 만난다. 혼담 대상을 찾기가 쉽지 않다. 더욱이 얽매이지 않는 주의라 인연의 길은 평탄치 않다. 부인과 질환에 걸리기 쉽다. 몸이 차가워 출산이 어려울 수도 있다. 백년해로하는 혼인을 원한다면 반드시 애정 생활에 신경을 써야 한다. 육체적인 쾌감 외에 정신적 만족도 중요하다는 점을 각별히 신경 써야 한다.

임자

성정

천간 임과 지지 자는 모두 수에 속한다. 임과 자 모두 차가운 물이다. 임자壬子 명격은 물의 상쟁지상相爭之象이다. 만일 방해를 만나면 성격이 하해가 범람하여 둑을 무너뜨리는 것과 같다. 한번에 수습이 불가하다.

임자 명격은 일을 원활히 처리한다. 아는 것도, 꾀도 많다. 성격은 차갑지만 개방적이다. 천부적으로 총명하고 빼어나다. 생각이 날렵하고 변화무쌍하다. 뜻과 지모가 많다. 상생은 어쩔 수 없다. 예술가의 패기가 있다. 독단 전횡한다. 자존심이 극강이다. 타인 위에 있기를 좋아한다. 자신에 집중해 일을 한다. 다른 사람이 받아들이지 못한다. 때로는 인연에 영향을 미칠 수 있다. 하지만 이성 인연은 매우 좋다.

사회성

외적으로 열정과 박력이 있다. 개성이 충동적이고 급하다. 성정 변화가 많다. 양인살의 영향일 것이다. 학습열이 강하고 다재다예하다. 다만 항심이 부족하여 깊게 탐구하는 것을 싫어한다. 야심이 크다. 말재주가 뛰어나다. 반응이 민첩하다. 분위기 만들기를 잘한다. 임기응변에 능하다. 욕망도 강하고 생활도 다채롭다. 늘 이성의 도움을 얻긴 하지만 기회 포착을 잘한다. 다만 금전 처리는 잘하지 못하여 왕왕 곤경에 빠진다. 사회적·공적 규범을 중시하지 않는다. 총명하지만 자신의 욕망대로 한다. 감정적으로 일을 하는 경우가 많다. 판단을 잘못해 큰 화를 만나기도 한다. 임자인은 타인에게 큰 영향을 끼칠 수 있다. 속이기도 잘한다. 새로운 것을 좋아하고 묵은 것을 싫어하는 등 불량한 인상을 준다. 사업에 성공하려면 반드시 감정적 일 처리와 예술가 기질을 바꾸어야 한다. 지모를 잘 이용하여 돌다리 두드리고 건너듯 조심스럽게 일을 하고, 민첩하고 다양한 생각을 활용하면 미래가 열린다.

이성 인연

홍염도화살이 있는 명격이다. 외적 인연이 매우 좋은 사람의 상징이다. 감정 세계가 넓다. 정욕은 민감하다. 이치에 어긋날 일을 하면 세속의 주목을 끈다. 이성에 대해선 은근한 흡인력이 있다. 이성 인연이 좋은 외에 본인 자신도 대단히 낭만적이다. 만나고자 하는 사람에게는 애정을 보인다. 주변에 교제 대상이 있어도 다른 이성과 사귈 수 있다. 본인의 의지가 강하지 않으면 스캔들이 이어지기 쉽고 감정이 변하기 쉽다. 건명은 자기 견해를 견지한다. 처자와의 신체 접촉이 많지 않다. 공사를 분명히 하지 않으면 부부간 타협하는 길을 찾기도, 평온하게 처리하기도 어렵다. 본성이 외향적이고 다정하기 때문에 외지의 인연을 찾는 것도 무방하다. 발전 가능성에선 더 나을 수 있다. 곤명은 물이 중하고 홍염이 있어 이성 추구가 많지만, 혼인의 길이 쉽지 않을 수 있다. 배우자와 공동의 취미를 가질 수 있다면 혼인 후의 관계를 개선하는 데 도움이 된다. 곤명의 첫째 아이는 여아인 경우가 많다.

계축

성정

천간 계는 수에 속한다. 비 같고 이슬 같다. 만물을 생장하게 한다. 지지 축은 토에 속한다. 계축癸丑 명격은 수가 토의 극을 받는 형상이다. 명격 중 계수의 특징이 축토에 갇힌다. 명격 중 병화가 있으면 좋다. 운기가 좋고, 매사 비교적 순조롭게 된다.

계축인은 사물을 이해하는 능력이 특출하다. 잡다한 생각을 좋아한다. 성품도 체계적이다. 생각이 뛰어나다. 혼자 처리하기를 선호한다. 자아의식이 강하다. 입장을 바꾸지 않는다. 친구는 많지만 친구와 일정한 거리를 둔다. 일 처리에 타인을 배려하지 않는다. 매사 자신의 아이디어를 먼저 택한다. 따라서 타인과 화합하기 매우 어려운 경우가 있다. 명격상 의견이 불합치하는 친구와 친분을 맺기 쉽지만, 반목해 원수가 되기 쉽다. 많은 단체 활동 참가, 자신과 성격이 비슷한 친구와의 친교, 생각하고 말하기, 말로 충돌하지 않기 등이 단점을 바꿀 방안이다.

사회성

주동적으로 일하고, 솜씨도 좋다. 창의력은 있지만, 행동은 좀 느리다. 일하는 데 생각이 갈린다. 기회를 놓치기 쉽다. 열심히 일하지만 박력은 부족하다. 결정을 미룬다. 용두사미라는 인상을 준다. 하지만 자존심이 강하고 패배를 수용하지 않는데다 명예도 중시하기 때문에, 물질적 수요와 정신적 만족을 중시한다. 사업상 뜻대로 안 되면 심리적·정서적으로 곤경에 빠져 우울해지거나 사람을 피하게 된다. 인간관계상 엄격한 상사를 많이 만나게 된다. 본인도 부하 직원에게 각박하다. 일은 견실하고 열심히 해도, 단체 내 협력 정신은 좋지 않다. 소통하는 능력을 개선하지 않으면 신경과민 등의 문제가 생긴다. 또한 단체 내에서 따돌림당한다.

시종 답답해진다.

이성 인연

질투와 시기를 잘한다. 자기중심적이다. 친지에게도 각박하다. 배우자와 같이 앉아 종일 잡생각을 한다. 배우자에게 오해도 할 수 있다. 다툼이 그치지 않는다. 건명은 타인과 대상 쟁탈전을 벌일 수 있다. 인연상 삼각관계로 고통스러운 연애에 이르게 된다. 곤명은 혼인길은 별로 쉽지 않지만, 비대칭 인연을 택하면 혼인은 비교적 순조롭다. 부지런히 소통하고 시기와 회의를 하지 않으며 서로 신뢰하면 혼인은 아름답게 된다. 도화운은 오午해에 비교적 순조롭다.

갑인

성정

갑인甲寅 명격은 천간 갑과 지지 인이 같은 목에 속한다. 또한 모두 하늘 높이 솟아오르는 커다란 나무인 양목이다. 적극적이고 능동적인 행태의 요인이다. 하지만 그로 인해 불화가 발생하기도 한다.

갑인 명격은 진중하고 선량하다. 용맹하고 강직하다. 의리에 앞장서고 호방하다. 하지만 급하다. 동정심이 많다. 소인배를 경멸한다. 일반적으로 예술 감상 능력이 좋다. 성미가 좋다. 쉽게 노하지 않는다. 독재를 싫어한다. 반항적인 성격이다. 독립적인 일 처리를 좋아한다. 순수하다. 하지만 자신의 생활과 입장에 멋대로 침해하는 사람은 용납하지 않는다. 세심하게 일을 처리하고 멀리 보는 안목이 있다. 일 처리는 속전속결을 좋아한다. 진흙탕의 일 처리는 싫어한다. 급하다고 일을 엉터리로 하지 않는다. 명망이 있다. 박학다재하다. 창조해 성취하는 능력이 있다. 하지만 자신감이 지나쳐 오히려 실패할 수도 있다. 고집을 부리지 않고 자부심만 주의한다면 태생적인 일 처리의 장점을 살려 무엇이든 할 수 있는 재목이다.

사회성

주관적으로 일을 처리한다. 고집이 세고 자신의 입장을 쉽게 바꾸지 않는다. 세세하게 일을 처리한다. 다만 임기응변 능력이 부족하여 업무 수행에 장애가 된다. 대개 고향을 떠나 외지에서 생업을 모색한다. 뛰어난 어문 능력이 업무에 도움이 된다. 부친의 성공이 커다란 영향을 미친다. 대개 부친이 하던 일이나, 아예 상반된 일을 선택한다. 천성적으로 고집이 많아 강압에 의해 일하기를 싫어한다. 따라서 평생 많은 파동을 겪기 쉽다. 중년을 넘기며 융성한다. 일정한 재운이 있지만 동산 수집을 좋아하기 때문에 재정상 대박과 쪽박을 경험하기 쉽다.

이성 인연

건명은 개성이 강직하지만, 체구가 큰 편은 아니다. 이성과 서로 융합한다고 생각한다. 이성의 도움을 얻기 쉽다. 다만 원칙주의자이기 때문에 배우자와 일반적인 다툼을 피하기 어렵다. 여색과 접촉하기 쉬워 오해를 불러일으키게 된다. 다행히 법규를 대체로 잘 지키므로 상황이 악화 국면으로 가지 않게 통제할 수 있다. 혼인 생활에 영향을 미치는 엄중한 위기까지는 가지 않는다. 결혼 후 일반적으로 일탈 행위를 하지 않는다. 따라서 배우자의 믿음이 적지 않다. 곤명은 성격이 매우 주관적이고 고집이 강하기 때문에 결혼에 장애가 생긴다. 비대칭 결혼을 하면 결과가 좋을 것이다.

을묘

성정

을묘乙卯 명격은 천간 을과 지지 묘가 모두 목에 속한다. 또한 모두 음하고 유한 나무인 음목이다. 전형적인 외유내강의 상이다.

을묘인은 일 처리에 심사숙고한다. 멀리 보는 안목이 있다. 온화하다. 독립적이다. 외지에서 생업 모색을 한다. 자유를 숭상한다. 구속을 싫어한다. 연구·분석을 좋아할 뿐 아니라 사려도 깊다. 반응이 영민하다. 기회를 잘 잡는다. 친절하다. 단체 활동을 좋아한다. 일반적으로 인간관계가 양호하다. 교우 관계에서는 우의를 중시한다. 친구는 매우 많지만 마음을 주고받는 친구는 많지 않다. 내심 강렬한 욕망이 있다. 때로는 고집·주관·이기심이 대단하다.

사회성

야심이 있다. 소유욕이 강하다. 이상이 매우 높다. 사업상 여러 풍파를 만날 수 있다. 기회를 잘 잡기는 하지만, 본성이 굳강해 잘못을 알기 어렵다. 그래서 때로 스스로 모순에 빠질 수 있다. 자기 생각과 다른 행동을 한다. 심신이 불안정하게 된다. 자아정신의 압력이 심하다. 반드시 스트레스를 해소해야 한다. 그래야 정신적인 문제를 해결할 수 있다. 부하에 대한 의심이 많다. 또한 매우 각박하다. 대중을 승복시키기 어렵다. 크게 성공하려면 반드시 성격을 온화하게 바꿔야 한다. 소탐대실한다. 중년 이후에 일을 하는 태도가 성숙해짐에 따라 사업이 번성할 수 있다. 만약 연주·월주·시주에 재성이 있으면 부유하게 된다. 곤명은 귀가 얇은 것을 주의해야 한다. 또한 인정과 체면 때문에 손실을 만나기 쉽다.

이성 인연

천간·지지의 목이 상쟁하는 상이다. 자신도, 배우자도 삼각관계에 빠지지 않도록 주의해야 한다. 나아가 혼외정사 문제로 발전할 수 있다. 이를 해결해야 결혼 생활이 원만해진다. 건명은 온유한 성격이라 전체적으로 도화운이 상존한다. 곤명은 음하고 유한 명격이라 대체로 귀하다. 성적 능력이 왕성하다. 하지만 고집이 강해 배우자와의 관계에서 역작용이 나타날 수 있다. 감정운도 오락가락하여 혼담 시 장애가 생길 수 있다.

병진

성정

천간 병은 화에 속한다. 작렬하는 태양에 해당한다. 만물을 비춘다. 지지 진은 토에 속한다. 병진丙辰 명격은 화생토의 상이다. 하지만 병화가 강한 불이라 진토는 맹화에 연소된다. 명격상 화염토조의 정황이 있다.

병진 명격은 생각이 현실에 맞지 않는 점이 있다. 때론 이상이 너무 높아 현실과 괴리가 생긴다. 잘난 체해도 아무도 알아주지 않는 격이다. 거친 무리와 깊은 교류를 좋아하지 않는다. 조폭 무리를 의리로 대하는 데 주의해야 한다. 사랑하는 마음이 있어 필요한 사람에게 많은 도움을 주면 본인의 운은 강해진다. 종교에 흥미를 갖는다.

사회성

사랑하는 마음이 있다. 쉽게 노하지 않는다. 소통력도 좋다. 매사 의기가 있다. 인간관계가 좋다. 일을 잘한다. 결점은 어리석은 충성의 경향이 있다는 점이다. 체면을 소중히 해서 나쁜 것은 감추고 좋은 것은 드러낸다. 강박을 받아 하고 싶지 않은 일도 한다. 열심히 하지만 움츠러드는 인상을 준다. 명격에 화운이 강하기 때문에 구설시비의 곤경을 당하지 않도록 조심해야 한다. 자존심이 강하다. 패배를 받아들이지 않는다. 명격상 화염토조의 영향으로 일을 시작할 때는 활력적으로 대든다. 경중을 가리지 않는다. 긴장이 극도에 달하면 결정을 주저할 정도로 바뀔 수 있다. 의지가 견고하지 못하다. 일을 할 때 의례와 본체를 중시하기 때문에 언변 재주로 하는 행업에 종사하는 게 적합하다. 교사·전도사·변호사·소매업·고문 업무 등이다. 건명은 사업에서 고생을 하며 버텨야 성취한다. 어둡고 혼란한 것을 감추고 태평한 것을 좋아하는 습성, 경솔하게 허락하고 얼굴만 보고 결정하는 습관 등을 바꾸어야 사업에 유리하다. 실패한 뒤에 의뢰심이 생기는 것을 경계해야 한다.

이성 인연

건명의 배우자는 대개 키도, 몸집도 크다. 달콤한 관계가 될 수 있다. 경제적 능력도 괜찮다. 재정상 배우자를 지지하기에 넉넉하다. 매사 배우자에게 넘기려고 하지 않는다. 재정적인 기초가 안정적이다. 연애에 전력을 기울일 수 있다. 결혼 후 생활도 화목하다. 곤명의 배우자는 대개 개방적이고 명랑하다. 하지만 부夫성인 자子가 부궁의 진에 극을 당하기 때문에 혼인길은 평탄치 않다. 또한 지장간에 관성과 식신이 있는 관식동림으로, 자식을 낳은 후 부부 관계가 소원해질 수 있다. 자신과 배우자 모두 만성병과 불량 기호에 빠지기 쉽다. 혼인 생활이 나빠질 수 있다. 불량 기호의 문제 개선에 주의해야만 혼인이 그런대로 괜찮아진다.

정사

성정

천간 정은 화에 속한다. 촉광의 화에 비유된다. 주위는 밝혀줄 수 있다. 하지만 강렬한 불꽃은 없다. 천간 정과 마찬가지로 지지 사도 화에 속한다. 정사丁巳는 명격상 화가 상쟁하므로 화기가 비교적 맹렬하다. 다행히 화력은 비교적 낮다. 성격은 급진적이긴 해도 폭발적이진 않다. 다만 기운이 생할 때 엎드려 있기는 어려워서 인간관계는 좋지 않다. 체질이 좋지 않다. 드물지만 큰 병이 있을 수 있다.

정사인은 성격상 다양한 특징이 있다. 이중성격이다. 자기 돌출을 좋아한다. 주관적이다. 자신의 방식을 고집한다. 욕망이 강렬하다. 야심만만하다. 일할 때 때로는 담대하고, 때로는 매우 조심스럽다. 헤아리기 어렵다. 타인에 대한 질투심과 시기심이 많다. 그래서 초조해하기 쉽다. 하지만 태생적으로 시비를 만들어내는 성격이라 어느 정도 자신을 믿는다. 자기에 대한 관심과 의사가 지나치다. 자기 보호 역시 지나치다. 친구에게 잘못을 저지르기 쉽다. 인간관계는 좋지 않다. 육친에게 안면 몰수한다. 친구를 버리기 쉽다. 명격상 재래재거財來財去하기 쉽다. 대부대귀도 없다. 전체적으로 재원은 그치지 않는다. 하지만 투기를 좋아한다. 탐심으로 변하기 쉽다. 도박에 탐닉하지 않도록 조심해야 한다.

사회성

자존심이 강하다. 박력이 있다. 학습 능력이 좋다. 일 처리에 독단적으로 전횡하기 쉽다. 타인 위에 있기를 좋아한다. 오만하고 협력하기 어려운 사람이란 인상을 갖게 한다. 일할 때 탄력성이 부족하고 타인의 의견을 받아들이려 하지 않기 때문에, 대개 일은 배로 하고 결과는 반에 그친다. 또한 일 처리에 수단과 방법을 가리지 않아 공적인 피해를 입힌다. 자신도 손해를 보는데 그것을 모른다. 태생적으로 고통을 견디고 인내한다. 임기응변은 강하다. 기본적으로 종사하기에 부적합한 업무는 없다. 타인을 대할 때 위엄으로 대하거나, 무리하게 힘으로 대하지 말아야 한다. 그래야 체력과 심력을 소모하지 않고 좋은 결과를 얻을 수 있다.

이성 인연

성격이 비슷한 배우자를 선택하려고 한다. 배우자와 자질구레한 일로 다투기 쉽다. 서로 양보하지 않는다. 오래가면 서로 감정에 영향을 피하기 어렵다. 명격상 이성 교류에 시비와 갈등이 상존하기 때문에, 감정상 제삼자가 되거나 제삼자를 끌어들이기 쉽다. 건명은 적극적이고 효율적이다. 본성이 다정하다. 새것을 좋아하고 옛것을 싫어한다. 감정생활이 다채롭다. 반드시 사욕을 극제해야 한다. 비슷한 성격의 배우자를 택하려 하기 때문에 대상은 일반적으로 순종하는 유형이 아니다. 처와의 인연은 비교적 천박하다. 곤명 역시 배우자와의 정분이 비교적 박하다. 일반적으로 오午해에 도화운이 순조롭다. 인연 기회를 잘 파악해야 한다.

무오

성정

천간 무는 토에 속한다. 높은 산의 진흙이다. 견고하고 움직이지 않는다. 지지 오는 화에 속한다. 맹렬한 화다. 무오戊午 명격은 토가 화의 생을 받는 화생토의 상이다. 화토가 함께 중하고 맹렬하다. 토조土燥가 되어 병이다. 수분이 부족한 경우 화산과 같이 된다. 몸집이 대개 우람하다.

무오 명격은 탄력성이 모자란다. 일 처리에 원활성의 이점을 모른다. 모양과 거동을 바꾸는 것이 익숙하지 않다. 자기 의견을 지나치게 고집하기 때문에 종종 폭발한다. 일할 때 타인이 가까이하기 어렵다. 진·술월생은 고집이 더욱 강하다. 명격에 많은 재물의 소모가 있다. 더구나 금전 처리를 잘 못한다. 생활이 곤경에 빠지기 쉽다. 무엇을 생각하면 바로 행동한다. 때로는 맹목적으로 한다. 잘못을 저지르고 오판을 한다. 때론 목적 달성을 위해 간사하고 교활하게 행동하고, 큰 실패로 이어지기도 한다. 성정이 모순적이다. 일정하지 않다. 이중성격이다. 내적으로 영혼도, 안정적 요소도 없다. 때로는 외향적인 활동을 한다. 때로는 깊은 우수에 빠진다. 경미한 신경질이 있다. 겉으로는 낙관적이지만, 내심 늘 자아 모순으로 고뇌에 빠진다. 그런 가운데 육감의 작용 같은 돌출적인 행동으로 일을 더욱 난감하게 만들기도 한다.

사회성

일 처리에 자존심이 강하다. 대중의 평판을 중시한다. 변한다. 기민하다. 독단과 전횡을 좋아한다. 타인 위에 있고 싶어 한다. 투기를 좋아한다. 잠재적으로 조직과 기율을 거부하는 성향이다. 학습 능력은 있어도 학문에 깊이 빠지지 못하고, 초심을 지키지도 못한다. 많이 공부하고도 정통하지 못할 가능성이 높다. 행동에 비해 눈이 높다. 사회적 업무에서 경중을 가리지 못하기 때문에, 옳고 그름을 모르고 취미도 없을 것이다. 일할 때 때로는 놀라게 하지만, 때로는 크게 실망하게 한다. 욕망이 강하고 허영심도 크다. 야심도 만만하다. 태평한 척하기를 좋아한다. 때로는 무고한 것을 상해하기도 한다. 반드시 자아를 지켜야 한다. 그렇게 해야 오만한 인상, 속빈 강정, 친구 이용에 따른 후과를 면할 수 있다.

이성 인연

명격상 화염토조이기 때문에 늘 온유하지 못하다. 건명은 바람을 피우고, 배우자를 불쾌하게 한다. 다행히 대개 자신에게 순종하는 배우자를 찾을 수 있다. 배우자를 매우 사랑한다. 도움을 받을 수 있다. 외모가 수려한 배우자를 구할 수 있다. 하지만 명격상 처와 불합하기 때문에 대부분 배우자가 매우 통제한다. 결혼 후 외부적으로 의기를 내보이지만, 처자에 대해서는 그렇게 하지 못한다. 이성에게 명랑하고 다정하지만, 처자에게는 은근하게 대하지 않는다. 결혼 후 행복한 생활을 원한다면 부부가 서로 존경해야 한다. 그래야 결혼 후 사업도 발전할 수 있다. 곤명은 화토가 중한 명격이기 때문에 금·수의 남성을 좋아한다. 간단히 말해 크고 장수형의 남성이다. 원국에 수가 없으면 피부에 문제가 생긴다. 또한 혼인운도 순조롭지 않다. 성미가 나쁜 대상을 만날 수 있다. 대운이 수운이나 목운으로 가면 수·목의 윤기를 얻어 배우자를 찾고 결혼할 시기다. 인연길은 묘해에 비교적 순조롭다.

기미

성정

천간 기와 지지 미는 모두 토에 속하고 음토다. 하지만 기는 습토이고 미는 조토다. 기미己未 명격은 토의 기운이 과중한 상이다. 습토와 조토의 변화를 잘 살펴야 한다.

기미 명격은 단정하다. 안으로 감춘다. 냉정하다. 자존심과 자아의식이 강하다. 명예를 중시한다. 감정도 중시한다. 음토이지만 일주가 수를 머금고 있다. 하지만 토가 태왕해 수에 대한 극제가 있다. 오행 중 수는 이지를 대표하므로 기미 명격은 일할 때 사려가 깊다. 다만 최후 판단력은 미흡하다. 의심 역시 중하다. 고집도 세다. 감정 탓에 정서 문제에 시달릴 수 있다. 진·술·축·미월 태생은 문제가 더 클 수 있다. 내적 감정을 중시한다. 대담을 좋아하지 않는다. 고집이 센 탓에 타인을 이해하지 않는다. 타인과 말로 충돌하기 쉽다. 늘 잡다한 시비가 그치지 않는다. 따라서 친구와 오래 사귀기 어렵다. 오랜 친구가 하루 사이에 원수가 될 수 있다. 다행히 사람을 진실하고 친절하게 대한다. 단체 활동도 좋아한다. 마음을 주고받는 친구는 많지 않지만, 한두 명의 지기를 찾을 수는 있다.

사회성

강직하다. 자아 가치를 강조한다. 의지가 굳다. 입장 변화가 거의 없다. 패배를 받아들이지 않는다. 환상에 빠진다. 때로는 이상이 너무 높아 혼자 외톨이가 되기 쉽다. 곤란을 당했을 때 유연하게 대처하지 못한다. 정신적 압박이 커서 우울하고 말이 없다. 정신적으로 과민하다. 잘못을 인정하지 못한다. 유연하면서도 강직해야 순조롭게 일을 할 수 있고, 매사 잘 알 수 있다. 분에 넘치는 것을 구하지 않아야 한다. 그래야 성공할 수 있다.

이성 인연

개성 문제로 배우자와 싸움을 피하기 어렵다. 건명은 동료와 상쟁하는 상이다. 다수는 환영을 받지만, 다수는 쟁탈을 추구한다. 친구와 동시에 같은 목표를 추구하기도 쉽다. 곤명은 인연길이 기구하다. 마음에 두는 대상을 만나기 어렵다. 남편과 싸우는 정황을 만나기 쉽다. 비대칭 결혼이 적합하다. 도화는 자子해에 비교적 순조롭다. 사소한 시비를 주의해야 한다.

경신

성정

천간 경과 지지 신은 모두 금에 속한다. 또한 모두 양금이다. 경신庚申은 명격상 금의 상쟁이 된다. 양금은 날카롭고 단단한 금이다. 성질이 날카롭고 굳세다. 칼과 도끼같이 파괴력이 강하다. 서로 부딪치면 반드시 상처가 난다. 칼을 지니고 있고, 또 쓸 수도 있다.

경신 명격은 자존심이 강하다. 주도적이고 외향적이다. 남들 앞에서 자신의 재주를 뽐낸다. 그 대가로 질투를 받기 쉽다. 잘못을 저질러도 스스로는 알지 못한다. 동성과는 같이 있기 어렵다. 다행히 사소한 일에 구애받지는 않는다. 천성이 낙관적이다. 본성이 외부의 일에 어떤 영향을 받지 않는다. 다만 인간관계는 보통이다. 실제 협조 능력은 상당히 높다. 재액을 해결하는 능력도 있다. 정신적으로 충실한 생활을 추구한다. 따라서 돌파력이 부족할 수 있다. 또한 나태하다는 인상을 줄 수도 있다.

사회성

과감하게 일한다. 대개 중인의 성정을 갖고 있다. 의기를 중시한다. 강권을 두려워하지 않는다. 친구가 방탕하면 관계를 단절한다. 자신에 대한 믿음이 충만하다. 도전하는 용기가 있다. 승부욕도 강하다. 목표 설정 후 초심을 끝까지 지킨다. 후퇴하거나 타협하지 않는다. 자신의 원칙을 지킨다. 정신과 물질의 조화를 중시한다. 그래서 타인과 말다툼하기 쉽다. 인간관계의 미흡함이 생활의 제약 요인이 된다. 사업은 많이 일하지만 소득이 박한 경우가 많다. 평생 파동이 많다. 중년 이후 순조롭게 된다. 만약 청년기에 독립해 외지에서 생업을 모색했다면 비교적 잘될 수 있다.

이성 인연

사랑을 주도적으로 한다. 마음에 정한 대상을 만나면 대담하게 나선다. 성공과 실패 확률은 반반이므로, 시도를 많이 할수록 기회가 많다. 세운에 도화운이 왕성해 기회는 더 많아진다. 건·곤명 모두 도화운이 괜찮다. 명격이 그렇기 때문에 자신과 성격이 비슷한 배우자를 선택하는 경향이 있다. 양쪽 모두 성격이 강하기 때문에 서로 양보하지 않고 다툼을 그치지 않게 된다. 매사 제멋대로 하지 않도록 주의해야 한다. 그래야 부부간의 감정 다툼을 피할 수 있다. 곤명은 금이 왕한 영향으로 미모와 지혜를 겸비한다. 자신도 모르게 남성을 끌어당긴다. 적잖은 남성이 무릎을 꿇는다. 하지만 역시 남성과 감정싸움을 하기 쉽다. 버드나무 같은 여성이라고 오인받는다. 명격으로는 조혼은 좋지 않다. 30세 이후에 혼인하는 게 좋다.

신유

성정

천간 신은 음금에 속한다. 성질은 원활하다. 지지 유 역시 음금에 속한다. 모두 숙살지기가 있는 금이다. 숙살지기의 살벌한 기운과 개혁의 기운이 신유辛酉 명격에 각별히 드러난다.

신유 명격은 대체로 진취적이다. 자유를 숭상한다. 낙관적이다. 사람의 뜻을 선의로 해석한다. 사람 대하기에 원활하다. 타인과 서로 융합할 수 있다. 단체 활동을 좋아한다. 동창·친구가 매우 많다. 교우 관계에서 우의를 중시한다. 사업상 적잖은 도움을 얻는다. 동시에 친구의 영향을 받기 쉽다. 본성적으로 자존심이 매우 강하다. 고집이 강하다. 마음속으로는 타인의 칭찬과 존경을 좋아한다. 다행히 의지가 강하다. 허영심 같은 것은 자리하기 어렵다. 다만 개인 생활과 사업상 태도는 전혀 다르다. 기회 역시 전혀 다르다. 곤명은 특히 고집이 지독하다. 차갑고 복수심도 있다.

사회성

주도적으로 일을 한다. 급진적이진 않다. 다양한 도전을 마다하지 않는다. 매사 분석을 좋아한다. 일 처리 능력이 뛰어나다. 하지만 급하지 않다. 행동 역시 비교적 느릿하다. 마음속에 온통 학문을 생각한다. 감정생활이 풍부하다. 풍류와 관한 사건이 많다. 따라서 사업에는 늦게 뛰어드는 경우가 많다. 의지는 강하다. 자신의 견해를 좀처럼 바꾸지 않는다. 일을 냉정하게 처리한다. 일을 할 때 이기심이 있어서, 먼저 자신의 방안을 택한다. 자신이 할 수 없을 때 타인을 생각한다. 때로 어떤 사람, 어떤 일에 대해 겉으로는 칭찬하지만 속으로는 그렇지 않다. 부하에 대해 비교적 엄혹하고 각박하다. 인정이 없다. 그래서 단체 업무 중에는 인연을 얻지 못한다. 사업상 파동이 많다. 일 처리에 이상이 높기 때문에 시작할 때 생각했던 성과를 얻기 어려운 경우가 종종 있다. 중년 이후 사업 태도가 성숙한다.

이성 인연

외모가 미려하고 준수하다. 사람을 유혹하는 기질이 있다. 곤명의 대다수는 피부가 백옥 같고 몸매가 아름답다. 명예와 지위를 특히 중시한다. 그래서 배우자에 대한 요구가 매우 높다. 가정 배경은 물론이고 경제적인 능력과 명예 및 지위도 꼼꼼히 살핀다. 낭만적이고 다정하다. 이성에게 은근한 흡인력이 있다. 애정 추구에 민감하다. 세속의 관심에 아랑곳하지 않는다. 이성 인연이 좋다. 추구하는 사람에게 사랑을 보낸다. 정에 움직여 상대를 받아들이는 일이 많다. 교제하는 사람이 있는데도 다른 대상을 유혹할 수 있다. 의지가 굳지 않으면 스캔들이 그치지 않고 애정운세가 불안정해진다. 명격에 음양차착살이 있어 배우자의 가족과 관계가 좋지 않다. 배우자 가족과의 동거는 좋지 않다. 평생 도화운이 왕성하다. 시끌벅적한 장소를 좋아한다. 추구하는 사람과 추구하는 목표가 매우 많다. 도화로 분쟁이 일기 쉽다. 자아 억제를 하지 못하면 결혼 후에도 도화로 인한 분쟁이 발생한다. 특히 45세 이후 도화운이 왕성한 오午해에 그러한 사건이 발생하기 쉽다. 명격이 그러하기 때문에 동성애자도 될 수 있다.

임술

성정

천간 임은 수에 속한다. 망망대해와 같다. 넓고 깊다. 절대 그치지 않는 물이다. 지지 술은 토에 속한다. 임술壬戌 명격은 수가 토의 극을 받는 상이다. 술토는 두텁다. 임수가 큰 물이지만 술토에 의해 완전히 극제된다. 마치 겹겹이 포위된 커다란 방죽의 물 같다. 따라서 원래 임수의 특성이 감추어진다. 생각이 비교적 혼란하고 불안정하다. 늘 자아가 억압된 상태다. 또한 늘 자기모순적 행동과 생각으로 스스로 상처를 받는다.

임술 명격은 의지력이 특별히 강하다. 희망을 볼 수 없어도 여전히 견지한다. 예의가 있다. 학문을 추구한다. 신중하고 사려가 깊다. 인간관계가 원활한 것은 큰 장점이다. 일 처리가 조리 있다. 위급한 상황에도 정연하게 대처할 수 있다. 일할 때 선도적이고 지도력이 있다. 하지만 융통성은 부족하다. 주도력이 강해 도전을 두려워하지 않는다. 동시에 여러 개의 일을 할 수 있다. 명예와 명성을 중시한다. 체면도 중시한다. 때로는 어두운 면은 감추고 좋은 면만 드러내는 가식적인 행동도 한다. 하지만 속으로는 자기 억제력이 강하다. 해결 방법을 찾지 못하면 종교·신앙에서 심적 안정을 찾는데, 좋은 방법의 하나다. 임술인은 예로부터 오행이 불완전한 사주를 기피한다. 오관사주가 되어야 좋다.

사회성

일 처리에 탄력성이 부족하다. 비관적인 성격이 조금 있다. 영향받기 쉬운 정서다. 업무도 운에 기대는 정서다. 인기 직업과 학술 관련 업무에 종사하는 게 좋다. 금전을 소중히 한다. 생활 안정을 중시한다. 업무 방향을 결정하면 그대로 밀고 나갈 수 있다. 생각이 변통을 모르는 상태가 된다. 권위와 위엄이 있다. 자녀와 부하의 존경심을 유발할 수 있다. 관용심이 있다. 사람에게 원한을 갖지 않는다. 대면한 앙숙을 관대히 용서한다. 때로 체면을 중시하고 자신을 감추는 것이 결점으로 작용하거나 오해를 야기할 수 있다. 태생적으로 거짓된 행위를 할 수 없기 때문에 때로 그로 인해 잠재력을 발휘할 수 있다. 거짓을 현실로 만드는 것이다. 정도를 간다. 힘들여 일을 함으로써 사업을 성취한다. 하지만 한번 부정을 생각하고 삿된 길을 택하거나 사기 행각을 한다면 천추의 한을 남기게 된다.

이성 인연

생활 태도가 보수적이기 때문에 결혼 후 생활은 팍팍하고 재미가 없다. 건명은 정상 혼인이 좋고, 1~8세 어린 배우자가 좋다. 배우자를 중시하고 배우자와 소통하는 법을 익혀야 한다. 그래야 혼인 생활이 유쾌해진다. 곤명은 비대칭 인연이 좋다. 유해에 도화운이 많다.

계해

성정

천간 계는 수에 속한다. 지지 해도 수에 속한다. 계해癸亥 명격은 수가 위아래로 만난다. 수기가 극히 중하다. 모두 순음이다. 계해 명격은 자子해를 주의해야 한다. 해亥해에는 수술을 할 사건이 발생하기 쉽다. 당연히 평소 건강을 중시해야 한다.

계해 명격은 예술 세포를 갖고 있다. 언어 재주가 있다. 민감하고 환상을 좋아한다. 멋대로 한다. 낙관적이다. 자신을 믿는 타인을 대접한다. 새것을 좋아하고 옛것을 혐오한다. 규정과 관습을 싫어한다. 먼저 관찰하는 습관이 있다. 세심히 분석한 후 행동에 나선다. 매사 심사숙고한다. 하지만 실질적 물질을 편향적으로 좋아한다. 현실적 이득을 강조한다. 물욕이 강하다. 배우자를 택할 때도 경제 조건을 우선으로 한다. 전심으로 완전을 추구한다. 얻는다고 생각하면 못 얻을 것은 없다고 생각한다. 내심 압박에도 굴하지 않는다. 사회 규제와 법률도 존중하지 않는 성향이다. 때로 목적 달성을 위해 수단을 가리지 않는다.

사회성

생활이 불안정하다. 투기를 좋아한다. 업무는 유동적이고 불안정하다. 밖에서 뛰는 업무나 늘 사방에서 일하는 업무를 하면 큰 성과를 낼 수 있다. 예술·연기·정보 분야 등에서도 발전한다. 태생적으로 이재와 큰돈을 다루는 데 익숙하지 않다. 투자 가치가 있는 부동산 구매가 매우 좋다. 성공하기 원한다면 굽히지 않는 성격, 강한 반항심, 정서 통제 부족 등을 고쳐야 한다.

이성 인연

외향적이다. 풍류를 안다. 도화운이 왕성하다. 개성이 비슷한 사람과 친교를 좋아한다. 주색잡기에 빠지기 쉬우므로 외부의 유혹을 막아야 한다. 배우자와 수고해 만든 관계의 파괴를 막아야 한다. 타인에게 청순하고 가련한 느낌을 준다. 보호가 필요한 유약한 인상이다. 부드럽게 사람을 잘 사로잡는다. 유로써 강을 제하는 능력이 있다. 또한 인내력이 비상하다. 도화겁이 오기 쉽기 때문에 건명은 사욕을 억제해야 한다. 곤명은 대개 용모가 빼어나고 외형이 출중하여 바라보는 사람이 많다. 사주에 금·수가 있으면 매력이 더욱 빼어나다. 그래서 공주와 여왕의 혼합체 같은 성격이 형성된다. 배우자는 늦게 맞이해야 할 뿐 아니라 극진히 사랑해야 한다. 또한 본인이 경제 능력도 있어야 한다. 그래야 관계가 오래 간다.

만약 사주에 계가 또 있으면 약속을 싫어하고 성 관념이 개방적이다.

제멋대로인 성격이 혼인 행복에 영향을 주므로 조심해야 한다. 명격상 중년에 배우자를 잃을 수도 있다. 가능하면 30세 이후의 만혼을 하거나 비대칭 결혼을 하면 이를 막을 수도 있다.

3부

10성 간명

3부 10성 간명 1

비견

비견과 식상·인성·재성

비견의 세 가지 주요 기능은 식상을 생조生助하고, 인성을 설기泄氣하고, 재성을 극제剋制하는 것이다.

식상은 지혜와 재능이 무의식중에 나타나는 특징이 있다. 인성과 비겁이 태약하고 식상이 과중하면, 지혜와 재능의 노출이 매우 빠르다. 말을 마음속에 두지 못한다. 새로운 견해와 발명도 매우 빠르다. 성급해서 머물지 못한다. 빠른 성공과 눈앞의 이익에 급급하다. 반면 신강에 인성·비겁이 과중하고 식상이 매우 약하면, 지혜는 머릿속에 맴돌지만 열정은 없다. 말도 적다.

정인이 경하고 비겁이 중한데 강한 재성이 정인에 바짝 붙어 극제하면 대개 모친 건강이 좋지 않다. 중대한 질환이 있거나 수명이 길지 않다.

비견은 재성을 극제한다. 신왕재약에 식상이 없으면 고단하기 짝이 없는 명이다. 생재의 방안이 없어 힘들 수밖에 없다.

지지와 비견

지지가 비견이면 녹祿이라 한다. 녹은 네 종류가 있다. 연지는 배록背祿, 월지는 건록建祿, 일지는 전록專祿, 시지는 귀록歸祿이라고 한다.

건록격으로 신강에 재관이 없으면 의지할 곳이 없어 가업을 계승하기가 어렵다. 다만 대운·세운에서 재관살이 왕해지면 부귀가 가능하다.

건록격으로 신강에 비견 역량이 겁재보다 강하면 비견은 직접 편재를 겁탈하므로 반드시 상업이나 투기성 모험 사업을 피해야 한다. 겁재의 역량이 비견보다 강하면 겁재는 직접 정재를 겁탈하므로, 가업에 실패하고 처를 극하는 일이 생긴다.

신강에 일지가 비견이면 건명의 경우 처와 재물을 압박할 수 있다. 일지는 배우자궁으로 정재의 자리이고 정재는 재물도 대표하고 있기 때문이다. 배우자가 돈을 위해 분투하게 된다. 하지만 곤궁을 면하기는 쉽지 않다. 부부간 관계가 편치는 않을 것이다.

비견의 과다·배합

비견은 어깨를 나란히 하거나 동등한 지위에 오른다는 뜻이다. 내적 감정, 자아의식, 자존심, 모욕 용납 불가, 왕성한 독립 의식을 대표한다. 일할 때 강직하고 용기 있게 앞으로 나가는 좋은 점이 있다.

하지만 비견이 과다하면 완고 불통이 된다. 강력하게 싸워 많은 일이 생긴다. 용기는 넘치지만 소통은 부족하다. 매사 양보하지 않는다. 분쟁의 실마리를 만들고 비방을 초래한다. 동료와 융합하지 못한다. 인화 결핍이다. 자못 유아독존적이다.

비견은 배합이 좋아야 권세나 영도력이 있는 인물이 된다. 만약 비견이 과다한데 관살의 억제나 식상의 설기가 없으면, 융통성이 없고 완고하다. 안하무인에다 투쟁을 좋아한다. 나아가 육친과의 인연이 박하고 특히 부친 운이 좋지 않다.

비견과 희신·기신

건록격 혹은 비견이 용신인 사람은 차분하다. 솔직담백하다. 독자적이다. 자유업·서비스업·변호사·회계사·생활용품 사업 등이 적합하다. 비견이 희용신인 사람은 형제나 친구의 도움을 받을 수 있다. 가수 상당수가 비견을 용신으로 하여 관중과 청중의 사랑을 받는다. 하지만 비견이 태왕인 사람은 직장에서 부하의 옹호를 받기는 해도 동료의 도움을 얻기는 어렵다. 동료의 중상과 배척을 받는다. 상사의 발탁과 포상을 받기도 어렵다. 식상의 설기가 있다면 예술 분야에 진출하는 게 좋다. 빼어난 작품을 창조하는 경우가 많다. 경영을 한다면 독특한 경영 수완을 발휘하는 일이 있다.

비견은 자아의식이 강해 기신이 되면 남의 말은 듣지 않는다. 안하무인이다. 고집불통이다. 자기 의견을 굽히지 않아 분쟁과 충돌이 일어난다. 매사 자기 위주다. 타인의 입장을 고려하지 않고, 알려고 하지 않는다. 타인과 화목하기 어렵다. 가족이나 직원 모두 정으로 통하지 않는다. 기대치와 요구는 높다. 교제 범위는 넓지만 지기는 매우 적다. 사주에 관살이 있으면 상사에게 순종하지 않고 항명하기 쉽다. 그러므로 발탁되거나 포상받기 어렵다. 곤명도 독단적으로 행동한다. 일하는 데 남편과 상의하지 않는다. 남편의 존재를 무시한다. 건·곤명 관계없이 평생 도모하지만 노력에 비해 이루는 게 적다.

3부 10성 간명 **2**

겁재

겁재와 재성

지지가 겁재이면 인刃이라고도 한다. 비견은 일간과 같은 기운으로 이기적인 경향이 있고, 겁재는 일간과 다른 기운으로 이타적인 경향이 있다.

건명 겁재는 재성을 극하거나 합할 수 있다. 편재인 부친과 재성인 처와의 관계가 매우 밀접하다. 신왕에 재성이 쇠하고 비견의 역량이 겁재보다 크면 비견이 직접 허약한 편재를 극하기 때문에, 부친과의 인연이 박하고 부자간의 세대차가 심각하다. 신왕에 재쇠이고 겁재의 역량이 비견보다 크면 겁재가 정재를 극하기 때문에, 일생 동안 처자와 인연이 박하거나 처를 극한다. 부부간 대화는 매번 어긋난다. 이혼할 수 있다. 처자가 병이 많거나 일찍 사망할 수 있다.

양陽 일간의 사람이 겁재와 편재의 역량이 비슷하고 또한 겁재·편재의 역량이 비견·정재보다 크면, 대개 여색을 밝힌다. 사통하거나 딴살림을 차린다. 음陰 일간의 사람이 겁재와 편재의 역량이 비슷하고 또한 겁재·편재의 역량이 비견·정재보다 크면, 겁재가 정재를 극할 뿐 아니라 편재와 밀접하게 합할 수 있다. 첩을 들일 수 있다.

겁재는 이중성격을 갖고 있다. 겁재가 강하면 일하는 데 오락가락한다. 겁재가 중할수록 그러한 경향이 두드러진다. 만약 약하지 않은 식상이 있어 생재하면 다정하게 변한다. 타인을 도우려고 한다. 인연을 얻는다. 양 일간의 건명이라면 상사의 일, 친구와의 친교, 외부 일에 과도한 열정을 갖고 대하지 말아야 한다. 처자가 냉담하게 반응하게 된다.

양인의 작용

양인은 다섯 양간의 12운성 제왕에 자리하며, 기세가 극점에 이른다. 통상 길상으로 취급받지 않는다. 따라서 양 일간의 사람은 양인이 출현하는 위치와 기세를 특별히 주의해야 한다. 상해의 힘이 있는 양인은 세 종류다.

첫째는 일간이 강하고 월지가 양인인 경우로, 월인이라 부른다. 둘째는 일간이 강왕하고 일지가 양인인 경우로, 일인이라 부른다. 월인과 일인은 오행 생·극·제·화가 좋고 운에서 희용신이 왕하면 대부대귀할 수 있다. 셋째는 가장 엄중한 것으로 일간 강왕에 월지가 양인인데다 다른 지지에 또 양인이 있는 경우로, 인살刃煞이라 부른다. 매우 흉폭하다. 인살의 재해는 종종 양인이 드는 해의 1년 전 충·극으로 나타난다. 인살이 매우 흉하고 예리하기 때문에 대개 칼끝이 먼저 보이는 것이다.

양인은 칠살과 상극 또는 상합할 수 있고, 칠살의 일간 공격을 견제할 수 있다.

양인이 있다고 해서 모두 흉한 것은 아니다. 길흉은 배합의 좋고 나쁨에 달려 있다.

양인격

월지가 일간의 인刃이 되는 것 중 양 일간의 인을 양인격陽刃格이라고 한다. 갑일 묘월, 경일 유월, 임일 자월 등 양 일간이 월지 겁재를 만나는 것이 양인격이다.

양인격으로 인성이 중하고 신강에 식상이 없거나 관살이 일간에 붙지 않아 극제·설기가 없으면 대개 충동적이고 조급하다. 자기 위주다. 타인을 신뢰하지 않는다. 오만방자하다는 오해를 불러일으킬 수 있다. 무의식중에 타인에게 죄를 범할 수 있는데, 자신은 모른다. 주관적인 의식이 매우 강하다. 타인의 의견을 쉽게 받아들이지 않는다. 초연한 자세로 폐쇄적이다. 사상과 언행이 비교적 이단적이다.

양인격에 식상의 역량이 관살보다 강하면, 두뇌를 쓰는 일이나 전문적인 특수 기술 분야에 종사하는 게 좋다. 관살의 역량이 식상보다 크면 파괴 성향이 강한 일이나 창조적 성향의 직업에 종사하는 게 좋다. 군인·폭발 작업·스파이·대형 건설·발명 등의 일에 집중하여 사회에 공헌하다 보면 자연적으로 업무에 열성적이게 되고 편협한 마음이 바뀔 수 있다.

신강에 양인격으로 재관살이 쇠약하면 좋지 않다. 양인은 탈재·충관冲官할 수 있기 때문이다. 일간의 좋은 기운을 파괴한다. 탈재가 아니면 처를 극하거나 부친을 방해한다. 아니면 시비 송사가 생긴다.

겁재의 과다

겁재는 용맹한 행동의 성이다. 과감한 행동력이 있다. 분위기 조성을 잘한다. 현장을 장악한다. 존재감을 표현한다. 타인의 호감을 산다. 솔직 담백한 비견과는 다르다. 겁재는 기회를 잘 잡고 상대방의 기분에 영합한다. 내심으로는 절대 원하지 않더라도 타인이 알지 못하도록 감정을 감출 수 있다. 비견에 비해 환경 적응력을 갖고 있다.

겁재는 정재를 극제하므로 겁재가 과다하면 재물 취득에 불리하다. 겁재가 많으면 소모가 많아 축재가 쉽지 않다. 겁재가 과다하면 개성이 강하고 융통성이 부족하다. 경솔하고 안하무인의 행동을 한다. 생각하면 바로 행한다. 결과를 미리 고려하지 않는다. 충고를 받아들이지 않는다. 종종 수습이 불가한 사정을 만든다. 인간관계까지 좋지 않아 분쟁을 일으키기 쉽다.

겁재가 태과이면 비견과 마찬가지로 융통성이 부족하다. 상업 발전에 불리하다. 겁재는 불로소득의 생각이 있기 때문에 타인의 기업을 인수하거나 합병해 규모를 키울 수 있다.

겁재가 왕하면 반드시 식상의 설기와 생재가 필요하다. 그래야 무모한 용맹이 사라지고 행동력과 두뇌 활동이 활발해진다. 만약 식상이 없고 칠살이 있으면 권위와 행동력이 강화되어 지휘력이 뛰어난 무관이 될 수 있다.

3부 10성 간명 3

식신

길성과 식신

일간의 입장에서 나를 설기하거나 잡아끄는 것은 좋지 않다. 식신과 상관이 설기의 신이다. 하지만 식신과 상관은 성격이 다르다. 일간과 음양이 같은 식신은 일간의 원기를 완전히 소진시키지 않는다. 또 칠살을 유효하게 억제한다. 생재의 자원이 된다. 그래서 길성吉星·복성福星으로 공인된다. 그러나 상관은 일간의 기운을 거의 소모시킬 뿐 아니라 정관을 직접 극제함으로써 일간이 자제력을 잃게 한다. 따라서 흉성으로 인식된다.

식신과 인성·재성

식신의 세 가지 주요 기능은 재성을 생조하고, 일간과 비겁을 설기하며, 관살을 극제하는 것이다.

신강에 식신이 왕한데 인성이 일간에 붙어 있으면, 반드시 소화계통이 양호하다. 체격이 중후하다. 술을 잘 마시고 음식도 잘 먹는다. 오행의 생화를 얻기 때문이다. 신진대사도 양호하고 신체 건강하다. 일간이 강한 탓이다. 생활 습관은 규칙적이다. 매일 정시에 배설한다. 식신의 설기에 따른 것이다. 정시에 영양을 보충한다. 인성의 생에 따른 것이다.

마찬가지 논리로 신약에 식신이 강왕해 일간 및 비겁의 원기가 심하게 설기되면 일생 동안 허약하고 병이 많을 것이다. 외화내허다. 종종 내재한 무지를 작은 총명으로 가리려고 한다. 겉으로는 똑똑하지만, 실제로 일을 하면 늘 실패한다.

신약에 식상은 중한데 인성이 없거나, 있어도 떨어져 있으면 식신의 설기 능력 때문에 대개 겉으로는 밝고 재치 있게 보인다. 하지만 실제로는 심기가 없다. 성정이 보통이다.

신약에 인성이 경하고 식신이 중하면 마음 내키는 대로 하며 감성이 다양하다. 미감·음률 방면의 감각이 뛰어나다.

신강에 인성이 중하고 식상과 재성이 약하면 노동으로 돈을 벌 명이다. 식신·정재의 역량이 상관·편재보다 강하면 돈 버는 생각을 하고, 상관·편재의 역량이 식신·정재보다 강하면 돈 버는 노력을 한다.

식신은 정재를 생조한다. 정재는 처성이며 주로 집안의 재산을 담당한다. 그래서 식신·정재가 중한 사람은 가정 관념이 강하다. 육친에 대한 정이 깊다.

식신의 장점·단점

사주에 식신이 왕하고 좋은 사람은 기질이 고아하고 품성이 온화하며 성격은 명랑하다. 타인과 싸움을 좋아하지 않는다. 총명하고 논리적이다. 감정이 풍부하다. 표현이 유려하다. 문학·예술 또는 가무에 심취한다. 평생 의식주가 넉넉하다. 심기가 순수하다. 한 가지에 집중할 수 있어 전문가가 된다. 상대의 입장을 이해하고 배려한다. 보수적이다. 온후하고 예의가 있다. 말을 잘한다. 온화한 용어를 사용한다. 타인에게 상처가 되는 말을 하지 않는다. 따라서 식신은 인화와 먹을 복을 얻는다. 예술을 다룰 줄 안다.

식신은 표현이 유창하다. 친화력이 좋다. 홍보·섭외 업무 종사에 적합하다. 요리사 또는 요리점 경영·식품업도 좋다. 서예·편집·기획·방송·사진·촬영 분야도 좋다. 특히 사주에 관살이 있으면 신문·방송·출판·광고 등 미디어 분야에서 두각을 나타낼 수 있다.

하지만 식신은 기교에 능하지 못하다. 내향적이고 전문적이며 일 처리가 이치대로라 늦다. 평화적인 경쟁 방식으로 성공하는 것을 좋아한다.

안정을 추구한다. 어떤 면에서는 우유부단의 결점이 있다. 창조적인 용기와 박력에 결점이 있다. 만약 식신이 기신이고 왕하면서 일간에 붙어 있으면 스스로 자신이 훌륭하다고 여기기 쉽다. 그래서 이상과 현실은 차이가 크게 된다. 진취적인 정신을 잃거나 오락에 빠져 현실 생활을 경시하기도 한다.

창업자 중에는 식신의 비율이 매우 낮다. 경쟁이 격렬한 사회에서 식신의 유유자적한 태도는 사업 성공에 장애가 되는 까닭이다. 큰 야망 그리고 꺾이지 않는 투지가 있는 상관과는 천양지차다. 식신은 순리에 따라 사업 경영을 한다. 시간은 돈이라고 하는 관념이 크지 않다. 시장 개척 분야에서는 상관·칠살·편재 등에 미치지 못한다.

3부 10성 간명 4

상관

상관과 정관

상관은 정관을 직접 극제한다. 일간이 자신의 구속력을 잃게 하도록 함으로써 일간을 외롭게 하거나 극단으로 치닫게 할 수 있다. 흉포한 칠살을 극제해 일간을 보호할 수 있는 식신과는 성격이 다르다.

겨울에 태어난 금 일간이 상관견관傷官見官을 두려워하지 않는 것을 제외하고는, 신약은 모두 상관과 정관의 동시 출현을 두려워한다. 신약에 정관이 일간을 구속하고 상관이 일간을 설하면, 극과 설이 더해져 매우 불길하다. 평생 시비가 그치지 않고 생활은 불안정하다. 특히 상관·정관이 일간에 가까이 붙을수록 그 피해 정도가 커진다. 대개 정서가 불안정하고, 늘 사람과 다투며, 사업도 안정적이지 않고 부침이 심하다. "상관견관은 백 가지 폐단이 있다"는 말은 그런 뜻이다. 사주에 상관은 있지만 정관이 없거나, 정관은 있지만 상관이 없거나, 상관과 정관이 있어도 역량의 차이가 크거나 일간과 떨어져 있어야 운에서 용희신을 만나면 부귀·수복을 논할 수 있다. "상관이 희용신에 관성이 없으면 귀인이다"라는 말은 그런 의미이다.

상관의 과다

상관은 일간의 함유물을 설기한다. 재능 방면에 국한된 게 아니라 모발·피부색·손톱·땀·배설물 등도 포함한다. 따라서 상관이 과중한 사람은 제멋대로 행동하거나 신체가 허약하고 병이 많다.

신약에 상관이 중한데 인성의 통제가 없으면 상관의 일간 설기가 심해 겉으로는 밝지만 속은 공허하고 적막하다. 너무 고상하여 화답하는 사람이 없다. 대개 육체적인 쾌감으로 심적 공허감을 채우려고 한다.

상관 과다는 곤명에게도 매우 좋지 않다. 상관은 여자의 부성을 극제하는 일면이 있는 까닭이다. 자신의 미모와 재능으로 남편을 경시하거나 남편의 능력에 불만을 표할 수 있다. 일면으로는 설기가 심해 심령 공허로 이어져 적막을 견디지 못한다. 날이 길어지면 부부 감정과 혼인 행복을 위협한다. 남편은 늘 들볶이는 등 내우회환에 시달리고, 수명이 길지 않으리라는 공포감까지 느낀다.

신강에 상관이 왕한데 재성이 없으면 평생 노동을 해도 별 성과를 거두지 못한다. 이른바 "상관이 왕한데 재성이 없으면 재주는 있으나 가난하다"는 말이다. 하지만 재성이 매우 많으면 그 역시 가난으로 나타날 것이다.

상관과 희신·기신

상관이 희용신인 사람은 박학다식하고 다재다능하다. 활발하고 낙관적이며 표현이 유창하다. 기지가 민첩하고 예리하다. 이해력이 뛰어나고, 창조력이 있다. 이상이 높고 욕망도 크다. 투지가 만만하고, 독자적으로 하는 특성이 있다. 영웅이 되는 사례가 많다. 유아독존적으로 생각하며 자신감이 강하다. 성취욕도 강렬하다. 자신이 대단하다고 믿는다. 상관이 희용신이면 타인의 의견을 받아들이며 타인을 도와준다. 따라서 그 성취가 식신보다 높다. 운과 뜻을 얻으면 칠살의 성취에 뒤지지 않는다.

상관이 기신이면 취미가 다양하다. 하지만 모두 조금 하다가 멈춘다. 넓지만 정통하지 못하다. 능력이 안 되면서 한다. 그리고 무너진다. 이해력은 뛰어나 한번 공부하면 다 안다. 박학다식하다. 재능을 믿고 남을 깔본다. 자기보다 나은 사람은 없다고 생각한다. 법령을 무시하고 법망을 피한다. 때로 자신의 목적 달성을 위해 수단과 방법을 가리지 않는다. 타인을 상하게 하고도 아랑곳하지 않는다. 말이 청산유수이지만 용어가 날카로워 타인의 자존심을 건드리는데, 본인은 그것을 모른다. 화의 단초가 된다.

상관의 장점·단점

상관은 재능과 재기를 바깥으로 발휘한다. 활발하고 낙관적이다. 다재다능하다. 박학다식하다. 총명하고 지혜가 많다. 이해력이 뛰어나다. 창조력도 풍부하다. 활력과 투쟁 의지가 충만해 있다. 끊임없이 타인을 추월하려는 의지와 욕망이 강렬하다. 스스로 괜찮다고 생각한다. 패배를 인정하지 않는다. 타인의 긍정과 박수를 의식한다. 문학과 예술에 천부적 자질이 있다.

하지만 결점도 있다. 넓게 알지만 정통하지 못하다. 각박하고 인색하다. 독자적으로 판단한다. 심성이 독하다. 마음씀씀이가 좁다. 작은 원수도 갚는다. 재기를 믿고 무시한다. 남의 충고를 듣지 않고 고집대로 한다. 말로 남을 콕콕 찌른다. 세속적인 예법을 혐오한다. 법을 위반할 수 있다. 한가로운 일을 하려는 경향이 있다. 시비를 야기할 수 있다. 종종 수습이 불가한 상황에 이른다. 사람들로부터 오해를 받는다. 나아가 혐오의 대상이 된다. 따라서 상관이 과도하면 평생 생각지 않던 큰 화를 만나기 쉽다. 상관 태왕의 사람은 평소 좋은 말을 하고 입으로 덕을 쌓는 데 주의해야 한다. 날카로운 말로 타인의 마음에 상처를 주면 후일 우환이 생길 것이다.

3부 10성 간명 **5**

정재

정재의 성질

정재는 일간의 음양과 조화를 이뤄 상극 또는 상합하므로 온화한 방식으로 합작하는 것을 지향한다. 반면 편재는 일간에 전력으로 대응하므로 생존 방식이 격렬한 경쟁을 지향한다. 비견·정재의 역량이 겁재·편재에 비해 크면 성실하고 신용 있게 경영을 한다.

정재는 정직하기 그지없다. 악을 증오한다. 각고의 인내를 한다. 마음이 금전에 빼앗기지 않도록 한다. 신용을 중시한다. 따라서 정재는 은인자중과 정직의 상징으로 인식된다. 시비를 분명히 가린다. 정의감이 넘친다. 근검절약한다. 신용을 고수한다. 부정을 혐오한다. 일하지 않고 얻는 작풍을 경시한다. 엄정한 인물의 전형이다. 이재는 천부적으로 타고났다. 단정하고 소박한데다 근면하여 각고의 노력으로 재부를 쌓게 된다. 축재 수단은 점진적이고 정상적이다. 옆길이나 다른 문을 기웃거리지 않는다. 매사 자신의 역량으로 차근차근 한다. 노력하고 땀을 흘려 돈을 번다. 수고를 정당하게 여기므로 검소하고 절약한다. 재산은 세월을 더해가며 누적된다. 가정에 매우 충실하다.

안정적인 일이 적합하다. 인사·판매·구매 등 복잡한 사무는 피하는 게 좋다. 안정적 업무 및 시장 변화가 크지 않은 업무, 즉 문화·학술·골동·일반 시장 상점·비상업적 공사 조직 등을 선택하는 게 가장 좋다.

재성과 일간

일간의 강약에 관계없이 재성의 역량은 일간의 역량과 균형을 이루는 것이 가장 좋다. 돈 버는 게 비교적 수월하고 제 몫이 아닌 재물을 탐하지도 않는다. 당연히 비겁과 재성은 강할수록 평형을 이루며, 운이 순행하면 돈 버는 일이 타인보다 수월하다.

재다신약은 폭리의 탐욕을 위해 혼자 큰 공사의 수주를 하는 것과 같다. 혼자 감당하기 어렵다. 강왕한 비견운을 만나면 돈을 벌 수 있을 것이다.

신강재약이면 상황은 정반대이다. 직원 100명이 쉬지 않고 작업해도 이득은 별로 많지 않은 식이다. 재운을 만나면 돈을 벌 수 있을 것이다.

정재는 일간을 생하는 정인을 극한다. 만일 건명이 정재가 과중인데 정인이 약하면 처자는 대개 시어머니와 화목하기 어렵다.

정재와 희신·기신

정재가 희신인 사람은 근검절약한다. 각고의 노력을 한다. 신용이 탁월하다. 분수를 지킨다. 자신의 힘으로 한다. 분에 넘치는 것을 탐하지 않는다. 투기를 싫어한다. 쉬지 않고 노력한다. 돈을 귀하게 여긴다. 정직하다. 새로운 일에 나서지 않는 경향이 있다. 온화하고 은인자중한다. 경영을 잘하지 못한다. 가정 관념이 중하다. 처자에게 직무를 다한다. 자본금이 있으며, 이윤 의식과 경영 관념이 있다. 자연적이고 순리적인 치부 수단을 추구한다. 다른 데를 기웃거리지 않는다. 티끌 모아 태산으로 부를 이룬다. 정정당당하게 장사하는 사람이다.

정관이 받쳐주는 정재가 희용신이면 행운이 따르지 않아도 부하고 귀할 수 있다. 상관이 받쳐주는 정재가 희신이면 뇌근 활동이 활발하다. 다만 모순 상태라 내심 상처가 있다. 정재가 희신인데 칠살을 만나면 의지 증강에 도움이 된다.

정재가 기신이면 금전을 매우 중시한다. 재물을 지키는 노예로 변하기 쉽다. 친구에게 무정하고 의리가 없다. 타인에게 금전적으로 지원하는 일에는 매우 인색하다. 분수 지키기에 지나치다. 근신이 과하다. 변화 추구 또는 현상 돌파를 하려는 의지가 별로 없다. 사업은 평온하나 특이점은 없다. 극적인 변화를 할 수 없다. 일을 하는 데 인내심이 부족하다. 용두사미다. 단조롭다. 우직하다. 하지만 작은 일을 시시콜콜 따진다. 늘 소탐대실이다. 사후에 후회불급이다. 직접 보아야 믿는다. 선견지명이 부족하다. 모험성과 결단력이 부족하다.

정재가 기신인데 상관이 없으면 재무 관리를 잘한다. 만약 상관이 있으면 횡령의 작폐를 저지르기 쉽다.

3부 10성 간명 **6**

편재

재성과 식상

식신은 안정하고, 상관은 활발하다. 식신이 정재를 생하면 정재의 성격은 안정적이다. 만약 상관이 편재를 생하면 편재의 성격은 더욱 분명해진다. 식신은 정신적인 면을 중시하고, 상관은 실무적인 면을 중시한다. 따라서 식신의 생을 받은 정재는 이상적으로 재물을 추구한다. 그러나 상관의 생을 받은 편재는 실질적으로 재물을 추구한다.

식신·정재의 역량이 상관·편재의 역량보다 강왕하면 수완이 민첩하지 않으며, 온화하고 배려를 많이 한다. 무모한 변화는 싫어한다. 지키는 능력이 있다. 반면 상관·편재의 역량이 식신·정재의 역량보다 강한 사람은 묘한 아이디어가 많다. 반응이 민첩하다. 여러 면의 재능과 적응력이 있다. 의지가 넘치고 강하다. 포부가 대단하다. 목적을 달성하기 전까지 절대 쉬지 않는다. 풍운을 만나면 순식간에 입신양명하고 재물은 끝이 없다. 하지만 시운을 얻지 못하면 하루아침에 패가망신한다.

편재의 성질

편재가 있으면 건명은 처보다 첩을 더 예뻐한다. 기혼자는 대개 경제 기초가 견고해져 가정 부담이 감경된 후에는 애정 행각에 나서게 된다. 편재가 있고 상관이 과중한 사람은 성욕을 외부로 발산하게 된다. 편재는 욕망도, 수완도, 능력도 있어서 혼외정사의 비율이 더 높다.

편재는 다재다능의 성으로 인식된다. 성격이 정의감이 있고 호방하다. 기지가 있고 민첩하다. 사람 돕기를 좋아한다. 허식을 싫어한다. 의를 보면 용감히 나선다. 곳간을 열어 남을 돕기를 좋아한다. 풍류가 있고 정이 많다. 인연이 매우 좋다. 여자 인연이 더욱 심하다. 교제 수완이 대단하다. 상업적인 기회를 파악하는 데 매우 뛰어나다. 이재의 비결을 꿰뚫고 있다. 활력이 넘친다. 적극적이고 진취적이다. 곤란을 두려워하지 않는다. 편재는 큰 사업을 할 수 있다. 거부의 상징이다. 정재와 달리 편재는 땀을 흘려 번 돈이 아니다. 여러 사람의 돈이다. 능력자에게 가는 것이다. 그래서 다시 유실될 수 있다. 편재의 돈은 유동적이고 불안정한 돈이다.

재다신약에 비견 역량이 겁재보다 크면 타인과 사업을 합해 경영할 수 있다. 반대로 겁재 역량이 비견보다 크면 합하는 것을 피하고 독자적으로 경영하는 것이 좋다.

신강재약이면 원칙적으로 타인과 합작하는 것은 좋지 않다. 다만 겁재의 역량이 비견보다 작고 편재의 역량이 정재와 겁재보다 커야 장기적인 합작이 가능할 것이다.

편재와 희신·기신

편재가 희신이고 파괴되지 않으면 개성이 호방하다. 기회 이용을 잘한다. 돈을 벌 기회를 잘 파악한다. 일을 깨끗하고 경쾌하게 한다. 성격이 조금 급하다. 속전속결을 좋아한다. 시원찮게 할 수 없다. 편재의 사람은 정력이 왕성하고 활동력이 강하다. 일을 원활히 처리한다. 기지가 넘치고 민첩하다. 두뇌 회전이 빠르다. 행동거지가 당당하다. 언행에 권위가 있다. 의리와 정이 있다. 의를 보면 용감히 나선다. 낙관적이고 진취적이다. 적극적으로 나선다. 좌절을 두려워하지 않는다. 진퇴가 자유자재다. 기회와 인연의 교합으로 늘 의외의 수확을 얻는다. 금전과 여자의 문제에서 늘 극적 이합과 득실이 있다.

편재가 기신이면 금전에 대해 그다지 신경 쓰지 않는다. 사치와 낭비를 한다. 일확천금한다. 밖에서 경영으로 돈 버는 것을 좋아한다. 집에서 살지 않는다. 기지가 있고 교제 수완이 있다. 여성과 접촉하기 쉽다. 한 여자에 전념하지 않는다. 태도가 경박스럽다. 공손하지 않다.

3부 10성 간명 **7**

정관

정관과 인성·재성·비겁

정관의 세 가지 주요 기능은 인성을 생조하고, 재성을 설기하고, 일간을 구속하는 것이다.

만약 신약에 식상과 재성이 왕하면, 신을 생하는 인성이 용신이다. 일간의 역량이 관살보다 강하면, 희신 관살이 재성을 설기하고 인성을 돕는다. 이러한 희신 관살을 만나고 중년에 대운이 오면 공명부귀를 이룬다. 만약 비겁운이면 재물 이득이 순조롭다. 운이 재성운이면 일간을 설기하고, 또 인성을 극해 관살로 하여금 직접 일간을 극하게 한다. 이때 또 재성을 만나고 관살 세운이 대운 또는 원국과 충하면 소모가 막심하다.

신강에 재관이 희용신이고 연간에 정관이 투출되면, 공부를 잘하고 독서를 좋아한다. 본인의 수업 성적이 좋지 않으면 조상의 명망이 있을 것이다. 다만 천간에 재성이 투출되지 않으면 조상의 사회적 명망은 허명이 될 수 있다.

재관이 희용신이고 관성은 월간에, 재성은 연간 또는 시간에 투출되면 중년 이전에 공명과 사회적 지위를 얻을 수 있다. 수업과 취직에서도 우등할 수 있다. 정재가 연간에 있으면 어려서부터 가업이 융성하고, 출생 후 가문이 빛난다. 조상이 부귀한 탓이다. 재성과 관성이 시주에 있으면 51세 이후 대운이 강왕한 식상으로 가지 않을 경우 만년 부귀를 얻는다.

신약에 비겁이 신을 돕고 인성 용신에 재관살이 기신인데 연·월간에 재관살이 투출되면, 소극적이고 지식 습득이 느리다. 가정 형편은 넉넉하지 못하고 불안정하다. 곤명은 정관이 연주에 나타나므로 조혼이 많다.

정관과 일간

강한 정관이 기신이면, 일간은 과한 압박을 받아 재물을 취하기 어렵다. 돈을 벌거나 쓰는 데 서툴다. 낭비하거나 돈을 잘 못 쓴다.

일간이 그다지 약하지 않고 식상이 관살을 극제하면 묘미가 있다. 식상이 일지에 있거나 천간에 투출되면, 돈이 오고 가는 것이 변할 수 있다. 일지에 식신이 있으면, 대개 공공 업무·상업·문화예술계에 종사한다. 일지에 상관이 있으면, 대개 투기성 상업·잡기·기술성 사업 혹은 법조인·전문직 등 특수 직업에 종사한다.

정관과 희신·기신

정관이 희신이면, 관리직에 능력이 있다. 다만 진취적이지는 않다. 따라서 정관인은 공직이 적합하다. 현상 유지 업무에 적합하다. 개혁이나 변화가 필요한 업무에는 적합하지 않다. 정관이 많은데 일간 주위에 몰려 있고 기신이면, 용신이 유력한 경우를 제외하고는 창업이 부적합하다. 정관이 하나뿐인데 용신이 유력한 경우에는 이에 구애받지 않는다. 정관은 법규를 준수하고 객관적이고 공정한 직무에 적합하다. 정관은 자연적 귀기貴氣가 있다. 신강에 재생관이면, 이미 귀하고 부하다. 신약인데 정인이 정관으로 전화하면, 청결하고 고귀해 존경을 받고 고위직을 누린다. 정관은 통합의 재능이 있다. 합작 사업 중 의견 충돌이 있을 때 정관이 일을 조정하면 좋다.

정관이 기신이면, 일 처리가 융통성이 없다. 판에 박힌 대로 한다. 묵묵히 규정을 따른다. 근심이 끝없다. 매사 조심하지 않는다. 박력이 부족하다. 현상에 만족한다. 정관이 과다하지만 정렬하기 힘든 특수 격국이면, 정신 집중이 쉽지 않다. 우유부단하다. 결정을 미룬다. 늘 좋은 기회를 놓친다.

3부 10성 간명 8

편관(칠살)

칠살과 상관

칠살은 정재를 설기하고 일간을 지치게 한다. 건명은 권위를, 곤명은 남편 이외의 이성을 대표한다. 칠살은 곤명에게는 좋지 않다. 배열과 조합이 적당하지 않으면 결혼이 행복하지 않을 수 있다. 칠살의 사람은 권위적이고 성격이 급하다. 사주에서 칠살이 충을 만나면 해롭다. 역마성이라고도 할 수 있다. 하지만 칠살은 냉정하면서 빠르다.

상관이 많은 사람은 제멋대로다. 칠살이 많은 사람은 모험을 좋아한다. 용기가 있다. 다만 의심이 많다. 상관과 칠살이 같이 있으면 독서할 생각은 없다. 칠살은 불안정하다. 조용히 앉아 책을 읽을 수 없다. 상관은 제멋대로이고 오만하며 남의 말을 듣지 않는다. 어려서는 반항심이 있다. 좋지 않은 운을 만나면 어둠의 길로 빠지기 쉽다. 칠살과 상관의 역량이 비슷하면 기세가 매우 강하다. 또 기신이고 좋은 운을 만나면 옛날로 치면 무림고수가 될 수 있다.

곤명은 정관·칠살이 없어도 결혼할 수 있고 아름다운 가정을 이룰 수 있다. 다만 상관을 만나면 그렇게 하기 어렵다. 곤명에 정관 하나, 상관 하나가 투출하고 남편궁이 충을 만나면 두 번 혼인할 가능성이 있다.

칠살의 성질

칠살을 보는 법은 대체로 정관과 비슷하다. 정관과 달리 칠살은 성격이 과격하다. 사주에 칠살이 하나이면 근신·조심·독려의 작용을 할 수 있다. 칠살이 매우 많으면 좋지 않다. 통제하기가 어렵고 정신적·육체적 상해가 생긴다. 칠살이 강왕하면 인성 전화나 식신의 억제가 필요하다. 그렇지 않으면 칠살이 신을 직접 극하게 되어 나중에 반드시 심하게 반항하게 된다. 점점 한이 맺히고 숙살지정이 만들어진다. 반역성을 갖게 된다. 세상을 뒤집는 범죄를 저지르기 쉽다. 생명이 위험할 수 있다.

칠살은 재성을 소모할 수 있다. 신강에 재살이 용신이면, 금전을 운용하는 수완이 좋고 타인으로 하여금 자기 일을 하도록 한다. 신약에 재살이 기신이고 칠살의 역량이 재성보다 강한데 운에서 또 강왕한 칠살을 만나면, 조상 대대로 이어온 가업을 무너뜨리기 쉽다. 또는 돈을 물 쓰듯 쓰고 건들거리며 놀고 온갖 나쁜 짓을 저지른다. 신약살왕에 일간에 붙어 있으면, 겉으론 강해도 소심하다. 개인적인 이해득실만 따지며 의심이 많아 쉽게 결정하지 못한다.

칠살과 곤명

곤명이 신약에 칠살이 강하고 일간에 붙어 있으면, 불길하다. 특히 관살혼잡이고 칠살의 역량이 정관보다 강하면, 대개 혼인이 불안정하다. 일부종사가 어렵다. 일간이 의존할 것이 없는 까닭이다.

인성도 없고 천간에 투출된 비겁이 칠살로 화하면, 대개 남에게 좌지우지된다. 곤명은 정숙하지 않은 경우가 많고, 질이 나쁜 남자를 만나기 쉽다. 만혼이 비교적 낫다.

신약살왕에 천간에 칠살과 상관이 투출되면, 제 마음대로 하기 때문에 물결 따라 떠돌고 정절 관념이 약하며 혼인이 쉽지 않다. 이러한 격국에 칠살이 연간에, 상관이 월간에 투출되고 정관이 일주나 시주에 암장되어 있으면, 중년 이전의 결혼은 오래가지 못한다. 또한 혼전 성경험 가능성이 매우 높다. 곤명에 칠살이 앞에 나오면 대개 생리가 조숙하고 어려서부터 활동하는 일이 많기 때문이다.

칠살의 역량

칠살은 일간을 억제하는 힘이 강하기 때문에, 신강이나 신약이나 인성의 도움을 좋아한다. 또한 인성이 일간 가까이 붙어 일간이 그 패기를 끌어 쓰면 전화위복이 될 수 있다. 일단 운에서 희용신을 만나면, 대개 사회적으로 특별한 권세와 위용을 누리게 된다.

사주에 칠살이 있으면 반드시 칠살의 위치·희기·강도 및 일간의 강약을 살펴본 후 다른 사항을 고려해야 한다. 칠살과 정관은 일간을 극하는 점에서는 같다. 하지만 극의 정도는 천양지차다. 정관의 성질은 온화해 극의 의사는 있지만 실제로는 극하지 않는다. 일간이 태약하지 않으면 한두 개의 정관으로 큰 손상을 받지 않는다. 하지만 칠살의 극은 흉포하고 무정하다. 칠살은 기신이라 하나뿐이어도 일간의 구성에 중대한 영향을 미친다.

칠살은 다른 10성과 비교하기 어려운 특수한 성질이 있다. 칠살은 권위와 지략의 상징이다. 개성은 반역적이다. 대단히 모험적이다. 투지가 대단하다. 직감력이 특이하다. 과단성과 박력이 있다. 행동은 용맹하다. 목숨을 걸고 일한다. 생사를 도외시한다. 어떠한 간난도 두려워하지 않는다. 불요불굴이다. 더욱더 분발한다. 의협심이 있다. 억강부약을 좋아한다. 굳세고 괴팍하다. 충언을 용납하지 않는다. 잔혹하고 인정이 없다. 방자하고 거리낌이 없다. 불처럼 조급하다. 독단적이다. 전횡한다. 일을 할 때 고려하지 않는다. 맹렬히 돌진한다. 고립무원에 이르기까지 한다.

다만 적절히 인도하면 넘치는 활력과 투지, 직관력과 기지로 풍성한 성과를 창출한다. 이러한 특수한 성질은 난세에 더욱 발휘된다. 정관이 태평한 시기에 재상이 된다면, 칠살은 난세를 평정하는 개국공신이 된다고 비유할 수 있다.

칠살이 있으면 우선 일간과 칠살의 역량을 비교해야 한다. 만약 칠살이 일간보다 강하면, 칠살을 제화하는 것이 있는지 살펴보아야 한다. 칠살을 제하는 것은 식신이고, 화하는 것은 인성이다. 칠살이 기신이라 해도 제화가 되면 좋다. 칠살이 신을 공격하지 못하는 것이다. 신강에 칠살이 있을 경우 식신제살이 되면 좋다. 제살이 적절하면 책임 있고, 박력 있고, 재능에 집행력이 강해 대단한 기재奇才가 된다. 다만 칠살에 대한 식신의 제압이 태과하면 유약무능으로 변하게 된다. 식신제살인 사람은 대체로 군경직이 좋고, 시장 개척이나 신사업 개척 등 창조적 업무에 종사하는 것이 적합하다.

칠살의 장점·단점

칠살과 인성이 같이 있으면 문장도 좋고, 책략 결정도 잘한다. 칠살과 정관이 균형을 이루면 군사 재능이 있다. 특히 칠살이 좋으면 전략·전술의 기재가 된다. 칠살은 개혁과 창조 의식이 강하다. 박력과 불굴불요의 정신은 혁명가에 알맞다. 칠살은 관리 재능과 군사 능력이 천부적이다.

정관은 온화하고 외향적이며 협력적인 방법을 택한다. 하지만 칠살은 내향적이고 근엄하며 경쟁적인 수단을 택한다. 칠살은 굳세고 용기 있으며 힘이 강하다. 사람을 세밀하게 살핀다. 군사·전략가·경찰·검찰관·외과의·수령·지휘자·탐험적인 일·모험성 직무에 적합하다. 칠살은 문학적 자질과 운동 능력도 있다. 살인상생은 문예·기구·조직 집행부에 적합하다. 식신제살은 군경직 업무에 적합하다.

칠살의 관리 방식은 정관의 방식과 상이해서, 권세를 이용해 사람을 복종시키는 방식이다. 전제적인 독재 관리자에 속한다. 부하의 경외를 받지만, 반란을 경계해야 한다. 업무에는 효율을 중시한다. 표정은 엄숙하다. 늘 현상에 불만족하고, 창조적인 돌파를 생각한다. 하지만 태도는 냉담하다. 인화를 중시하지 않는다. 경쟁적인 수단을 통해 승리를 쟁취하길 좋아한다. 액운에 빠지면 대중의 반란과 친인척의 이탈을 당하며 고립무원의 곤경에 빠지게 된다.

3부 10성 간명 9

정인

정인과 관살·식상

정인의 기능은 크게 세 가지로, 일간 및 비겁을 생조하고, 관살을 설기하며, 식상을 극제하는 것이다.

정인은 신강·신약에 관계없이 길하고 상서롭다고 할 수 있다. 편인보다 훨씬 유효하게 사주의 역량을 변화시킬 수 있으며, 칠살이 동반하는 많은 횡액을 면하게 한다. 정인과 칠살은 음양을 상생·상설하여 유정하다. 칠살이 정인에 비교적 귀순하기 쉽다. 만약 인성이 희신이면, 정인의 역량은 편인보다 강해진다. 타인이 내게 빚져야지, 내가 타인에게 빚지는 것을 불편하게 여긴다.

신강에 식상이 용신인데 상관 역량이 식신보다 약하거나 상관이 없으면, 필히 문인으로 성공한다. 이때 정인이 편인보다 강하고 쇠약한 상관을 극하면, 당연히 내향적이다. 취미나 직업이 대개 정태靜態적이다. 반대라면 외향적이다.

식신·상관이 모두 약한데 왕한 인성을 만나면, 식상의 생재 길이 끊긴다. 대개 경영·교역은 좋지 않다. 공직이 가장 좋다. 정신적인 스트레스로 복잡한 일은 하지 못한다. 이 같은 인중식상약의 사주에서 인성이 득령하고 연주 지장간에 있으며 기타 천간에 식상이 투출하지 않으면, 강한 인성이 설기를 억제한다. 세운에 지혜가 늦게 개화하며, 지도력이 약하다. 유소년 시기에 학업은 이상이 크지 않다. 인성을 또 만나면 투간 싸움을 한다. 생각할수록 막힌다. 둔하고 어리석고 무능하다. 심기가 없다. 지나치게 충실하고 솔직하다.

인성과 재성

신강에 인성이 중하고 재성이 매우 약하면, 인성은 식상을 극제해 생재할 수 없게 한다. 이런 사주는 일생 동안 경영을 할 때 장애를 만나고, 재물을 얻는 데 고생이 심하다.

인성이 연주에 투출되고 다른 천간에 재성이 없으면, 세운에 반드시 가정이 빈한하다.

인성이 월주에 투출되고 다른 천간에 재성이 없으면, 청년기에 반드시 안정적인 경제 기반을 만들기 어렵다. 나아가 학업을 중단하고 가계를 위해 노동한다.

신약에 관살이 왕하고 인성 용신이 일간을 생하면, 대개 재성이 와서 인성을 극하는 것이 두렵다. 운에서 재성을 만나면 재로 인해 화를 만나기 쉽다. 운에서 칠살을 만나면 의외의 상해·질병·나쁜 소식을 만나기 쉽다.

정인은 육친상 모친이다. 부모 중 어느 쪽이 먼저 돌아가실지 보려면 편재와 같이 논해야 한다. 인성이 용신인데 정인이 일주나 시주에 있고 편재가 연주나 월주에 있으면, 정인의 역량이 편재보다 약해서 모친이 먼저 사망한다. 같은 이치로 재성이 용신인데 편재가 일주나 시주에 있고 정인이 연주나 월주에 있으면, 편재의 역량이 정인보다 약해 부친이 먼저 사망한다.

반대로 인성이 기신인데 정인의 역량이 편재보다 크고 운이 인성이 먼저이고 재성이 나중이면, 모친의 수명은 길지 않다. 재성이 기신인데 편재의 역량이 정인보다 크고 운이 재성이 먼저이고 인성이 나중이면, 부친이 모친보다 먼저 사망한다.

정인의 성질

정인은 신분과 지위의 상징이다. 원국에 관성은 있지만 인성이 없으면 관직을 얻더라도 허명이다. 실권이 없다. 정인은 권위를 상징하는 외에 신의와 학문, 선배와 귀인을 대표한다. 정인의 사람은 온건하고 고아하며 내실을 중시한다. 소인배를 멀리하고 덕을 베푼다. 지혜가 있고 총명하다. 속마음을 드러내지 않는다. 재능을 뽐내지 않는다. 먼저 깨닫는다. 심성이 자혜롭다. 언어 표현은 조금 약하다. 남을 잘 살피지 못하지만 인의를 안다. 명망이 높다. 사고력이 풍부하다. 정신생활을 중시한다. 인정이 있다. 음식을 편식하지 않는다. 폭음·폭식하지 않는다. 따라서 병이 적고 횡액을 만나지 않는다. 흉을 만나도 길로 바꿀 수 있다.

정인은 보험과 같다. 월령·월간·일지·시간 등에 있으면 갑작스러운 흉재를 해결할 능력을 갖는다. 횡액을 만나도 흉이 없다.

정인은 체면을 좋아한다. 정인이 많은 사람은 집안의 부끄러운 일은 밖으로 드러내지 않는다. 감추고, 속으로 넣고, 화장을 한다. 감추는 것이 지나쳐 감춘 사실을 속이는 일도 마다하지 않기도 한다.

정인과 희신·기신

정인이 희신이면 장점과 잘하는 일을 잘 표현한다. 지혜가 많다. 선량하다. 학문·인격 수양·정신적인 통제를 중시한다. 소인배와 같이하는 것을 싫어한다. 타인을 포용한다. 덕을 베푸는 아량이 있다. 인정을 중시한다. 체면을 따진다. 신앙을 갖는다. 지혜가 있다. 자중자애한다. 청렴정직하다. 새로운 지식을 추구한다. 친절하다. 일하는 데 인내심이 있다. 사고력이 풍부하다. 대중의 신뢰를 얻는다. 빙빙 돌려서 말하는 것을 모른다. 암투를 하지 못한다. 사주에 다른 식상·재살이 없다면 장사에 발들이는 것을 싫어한다.

정인이 기신이면 결점을 드러내기 쉽다. 정인이 매우 많으면 의뢰심이 있다. 오랜 시간이 지나면 의타하는 습관이 생기고 스스로 움직이기를 원하지 않는다. 다른 사람의 복종을 꿈꾼다. 공허한 몽상에 빠지기 쉽다. 현실을 도피한다. 스스로 고매하다고 여겨 금전을 경시한다. 따라서 재무 관리와 사업 기획을 잘하지 못한다. 허세를 부린다. 버티기를 좋아하는데 더 큰 손실로 이어진다. 결점을 감춘다. 나아가 법을 무시하고 어긴 일도 감추려 한다.

3부 10성 간명 **10**

편인

편인의 성질

편인은 식신을 극제한다. 사상의 정상적 표현에 영향을 미친다. 사주에 편인이 과중하면 그 생각이 대단히 편벽하고 괴이하다. 사물을 대하는 시각도 독특하다. 세속의 규범과 어긋나는 점이 있다. 대중을 멀리하고 괴팍하다. 육친과의 인연도 박하다.

신왕에 식상이 용신인데 원국의 인성 역량이 비겁보다 크거나 편인의 역량도 정인보다 크면 가능한 한 빨리 이례적이고 보기 드문 일을 하는 것이 좋다. 난해하거나 특별히 한적한 길로 가도록 해야 성취가 쉽다. 종교·철학·수도·심령학·마술·대체 의학 등의 분야다.

식신은 식복을 대표한다. 하지만 편인은 식신을 극하는 성이다. 편인은 흉신의 대표로 효신이라 불린다. 사람에게 계속 압박하는 인상을 준다. 사실 예나 지금이나 명리학자 모두 편인의 효능을 철저히 알고 있지 못한다. 좋지 않은 면을 볼 뿐, 장점을 찾아내지 못하고 있다. 그런데 실제로는 수많은 저명한 기업가가 명국에 편인을 갖고 있다.

편인의 역량

편인은 정관을 유효하게 설기한다. 따라서 편인은 길신이 되지 못하는 것이 일반적이다. 하지만 반드시 명국 오행의 실제적 정황을 보아 판단해야 마땅하다.

신약에 관살이 강하고 인성이 용신인데 정관 역량이 칠살에 비해 훨씬 강하면, 편인은 전화 능력을 발휘해 정인보다 유효하다.

신약에 식상이 왕하면, 식상의 설기가 두렵다. 신체적·정신적으로 약해지고 위축되며, 나아가 생활과 언행이 방탕해진다. 사주의 식신 역량이 상관에 비해 훨씬 크면, 편인의 식신 극제가 좋다. 편인의 효능이 정인에 절대 뒤지지 않는다.

신강에 인성이 중하고 겁재 역량이 비견보다 크면, 편인의 역량이 매우 좋아 정인이 많은 것에 비할 바가 아니다.

편인의 장점·단점

편인은 재능·지혜·학문의 상징이다. 성질은 정인과 다르다. 재능의 표현도 같지 않다. 편인은 뛰어난 이해 능력을 갖고 있다. 속세를 초월한 특이한 생각을 갖고 있다. 환상을 좋아한다. 창조력이 있다. 설계와 발명의 천재다. 투지가 강하다. 일반적인 사고방식에 만족하지 않는다. 독창성을 좋아한다. 편인의 개성은 내향적이다. 혼자서 생각하는 것을 좋아한다. 사회활동에 참가하길 싫어한다. 괴팍하다. 수심이 많다. 인간관계를 모른다. 일하는 데 우유부단하다. 편인이 희신이거나, 기신이어도 식상과 재성이 있으면, 장점을 잘 표현한다. 사고가 세밀하고 기지가 민첩하며 투지가 넘치고 임기응변의 능력을 갖는다. 이해력이 높고 발명과 창조의 재능이 있다. 기이한 술법을 좋아한다. 예민한 관찰력과 수용력이 있다. 여러 방면에 종사할 수 있다. 희로애락을 표현하지 않는다. 감추는 것을 좋아한다. 여성에게 안전함을 느끼게 한다. 기존의 형식을 탈피하여 독특한 사고방식을 갖는다. 참신한 것을 발명하고, 기상천외의 견해를 개척한다.

편인이 왕한데 식상과 재성이 없으면, 편인의 결점을 드러내기 쉽다. 내향적이고 의심이 많다. 사상이 괴이하다. 염세적이다. 혼자서 산다. 단체 생활을 싫어한다. 늘 돌발적이다. 일하는 데 인내심이 없다. 유시무종이다. 빠른 방식을 좋아한다. 체계적으로, 순서에 따라 하지 못한다. 애써 일하지만 노력에 비해 성과가 적다. 헛수고가 많다. 스스로 높이 평가한다. 타인의 의사를 무시한다. 이기심이 강하다. 타인과 화목하지 못한다. 타인과 협조하지 못한다. 감정을 드러내지 않는다. 따라서 내심을 파악하기 힘들다. 깊이 교제하기 어렵다. 건·곤명 모두 자식 인연이 박하다. 곤명은 평범한 남자와 결혼하기 쉽다.

4부

성격 간명

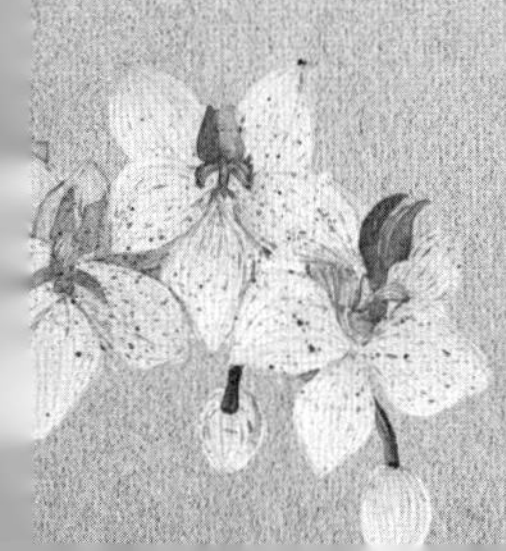

4부 성격 간명 1

일간 오행과 성격

오행과 성격

		성질	제가 없을 경우 성격
목	仁	순수하고 빼어나다. 귀천을 정한다.	정이 많다. 인이 두텁다.
화	禮	위세가 대단하다. 굳센지 여부를 정한다.	급하다. 기르거나 닦지 않는다.
토	信	만물을 싣고 가르친다. 빈부를 정한다.	중후하다. 고요함을 좋아한다.
금	義	형벌 위험이 있다. 수명을 정한다.	깔끔하다. 민첩하다.
수	智	총명하다. 어질고 어리석음을 정한다.	총명하다. 활동을 좋아한다.

일간 오행과 성격

목 일간

왕상	인자함이 두텁다. 측은심이 있다. 자질이 수려하다. 정의감이 있다.
태과	비틀리고 치우친다. 질투하고 너그럽지 않다. 분란을 꾀한다. 마음이 갈라진다.
불급	유약하다. 무질서하게 일한다. 마음이 바르지 않다. 매우 인색하다.
목다	부드럽게 널리 교제한다. 곡직을 스스로 좇는다. 공부 결실이 적다. 총명하다.
화다	총명하다. 학문에 매진한다. 고의로 저지른다. 분별하여 말한다.
토다	단속을 자신한다. 사치해도 지나치진 않다. 신중하다. 말은 귀감이 된다.
금다	극제로 초췌하다. 부러지진 않는다. 생각을 정리한다. 때로 정의를 거론한다.
수다	표류한다. 언행이 다르다. 일 처리가 편치 않다. 시류에 따른다.

화 일간

왕상	빠르고 사리가 분명하다. 문장이 명쾌하다. 장식을 선호한다. 학문적인 실용이 적다.
태과	격렬해 사물에 상처를 준다. 고집불통이다. 끝이 나쁘다. 매번 위기를 겪는다.
불급	아첨기가 있다. 예의 준수를 두려워한다. 말재주가 있다. 큰일을 결단하지 못한다.
목다	권세·복에 의지한다. 총명하지만 나약하다. 뜻은 밝다. 시비 가르기를 좋아한다.
화다	예의에 골몰한다. 겉과 속이 다르다. 화려 또는 검소하다. 빨리 이루지 못한다.
토다	무르게 사용한다. 이해를 따진다. 말은 맑지만 행동은 탁하다. 고집불통이다.
금다	의지 없다. 말이 뛰어나고 날카롭다. 예의 없다. 비방을 초래한다.
수다	덕행이 불균형하다. 교만이 예를 벗어난다. 쉬운 것, 어려운 것이 많다. 계획이 깊다.

토 일간

왕상	신앙심이 깊다. 약속에 착오가 없다. 충효에 지성이다. 중후해 귀할 수 있다.
태과	집착이 심하다. 폐쇄적이다. 어리석고 고집이 세다. 옛것이라 쓰기 어렵다.
불급	사랑받지 못한다. 사리 불통이다. 사납고 어그러져 있다. 매우 탐하고 망령되다.
목다	뜻은 크다. 별짓 다해본다. 굳세게 믿는다. 뜻이 분명하다.
화다	의에 지나치다. 겉은 그럴듯하다. 사치하고 검소한 의식이 없다. 예의를 찾지만 말뿐이다.
토다	잘 감춘다. 신의를 지키고 받아들인다. 늘 훼방을 초래한다. 이로운 일과 나쁜 일을 한다.
금다	신의를 따진다. 굳세지만 조급하다. 진중하지 않다. 체면을 가리지 않는다.
수다	공을 탐한다. 기회주의적이다. 뜻은 선하지만 불분명하다. 의리가 없다.

금 일간

왕상	명예·의를 중시한다. 심신이 건강하다. 위세가 강렬하다. 과단성이 있다.
태과	무모하다. 욕심이 많다. 혹독하고 인정이 없다. 음란하고 포악하다.
불급	생각에 비해 결실이 적다. 좌절이 많다. 의리는 있다. 끝을 보지 못한다.
목다	옳고 그름을 가린다. 이득도, 손해도 본다. 덕을 생각한다. 친구가 없다.
화다	말재주가 있다. 예에 비해 의는 부족하다. 너그럽게 화합한다. 마음은 인색하다.
토다	무로 이룬다. 말에 비해 마음은 인자하다. 일이 어둡게 된다. 혐의를 많이 받는다.
금다	강직하고 용감하다. 의를 보면 행한다. 자신을 잘 모른다. 경쟁심이 강하다.
수다	매우 따진다. 은혜를 베풀지 않는다. 악착같이 일한다. 때론 옳고, 때론 그르다.

수 일간

왕상	지식이 무궁무진하다. 심려 깊다. 집착한다. 총명하다. 학식이 많다.
태과	시비를 가린다. 음탕·음란하다. 사기성이 교묘하다. 잔혹하기 그지없다.
불급	수시로 뒤집는다. 담이 작고 책략도 없다. 혼미하고 불량하다. 지식이 막혔다.
목다	흐른다. 뜻은 완고하지만 유하다. 일을 등한히 한다. 사치하고 검소하지 않다.
화다	예를 따른다. 근심이 많다. 자르고 후회한다. 크게 되지 못한다.
토다	외롭게 갇힌다. 겉과 달리 이득을 챙긴다. 참아서 한이 많다. 신의가 불분명하다.
금다	의리가 있지만 실속이 없다. 음란하다. 지식이 있다. 영성이 강하게 태어났다.
수다	익사하듯 가라앉는다. 재주에 비해 권세가 많다. 본래 뛰어나지 않다. 귀가 얇다.

4부 성격 간명 **2**

일간과 성격

갑

- 인자하다. 큰 나무와 같이 꿋꿋이 서 있고, 높이 자란다. 그늘을 제공한다. 복잡해 보이지만 실은 순박하다. 땅에 뿌리가 있어 수시로 움직이는 것을 좋아하지 않는다.
- 영도하려는 욕망이 강하다. 남의 밑에 굴종하는 것을 싫어한다. 끝까지 머리를 숙이지 않는다. 패배를 받아들이지 않는다. 좀처럼 굴복하지 않는다. 자극적인 일을 좋아한다. 분명한 쟁투를 좋아한다. 암투는 싫어한다. 오만하기 쉽다.
- 마음 바탕은 선량하다. 속마음이 여려 이용당하기 쉽다. 책임을 짊어질 수 있다. 타인을 돌볼 줄 안다.

을

- 막후의 주인이 되는 것을 좋아한다. 참모가 어울린다. 모략에 뛰어나다. 숨어서 위의 판세를 잘 안다. 묵묵히 진행하는 것을 좋아한다. 다른 사람이 아는 것을 원치 않는다. 암투를 좋아한다. 드러나게 얻는 것을 싫어한다. 감독 · 계획 · 설계 · 참모 · 군사 등의 일이 적합하다.
- 온화하고 유연하다. 세력을 키워 나설 때를 기다릴 줄 안다. 등나무같이 갑목 주변이나 토의 주변에서 의지하기를 좋아한다. 시원하기도, 답답하기도 하다.
- 내재한 인내심은 대단하다. 적응력이 매우 강하다. 열악한 환경에서 고난을 이기고 생존할 수 있다. 타인과 화합을 좋아하고 배려를 잘한다. 성공하기 어려운 사정이라도 묵묵히 진행한다. 잘못되면 책임의 일단을 짊어진다. 잘되면 비로소 인정하고 나선다.

병

- 열정적이다. 타인을 돕길 좋아한다. 의로운 일에 적격이다.
- 적극적이다. 권세를 좋아한다. 호색한다. 이름 얻기를 좋아한다. 손님을 좋아한다.
- 내심 감정이 풍부하지만 표현에 익숙하지 않다. 친구는 많지만 마음

에 두는 사람은 없다.

- 대수롭게 생각하지도 않고 마음에 있는 일도 아니지만 타인에게 많이 주어 동질감을 준다.
- 비위가 좋아 쉽게 얻는다. 어디에 가도 시끄럽다. 쉽게 타인의 주의를 끈다. 수렴에는 익숙하지 않다. 떠드는 것을 좋아하지만, 어떻게 하는 게 최선이고 소득인지 모른다.
- 혼자 있으면 외로움을 느낀다.
- 불과 같이 빛은 있지만 실체가 없다. 타인을 끝없이 비춰줄 능력이 있다.

정

- 예의가 있다. 어른·선배 등을 존경한다. 후배를 아낀다. 타인을 배려한다. 공익에 열심이다. 하지만 타인과 매우 친밀한 관계는 좋아하지 않는다.
- 사람의 마음을 통찰한다. 첫인상을 중시한다. 또 그 변화를 찬찬히 살펴본다. 다른 사람을 매우 정확히 파악한다. 하지만 자신에 대해선 잘 모른다.
- 감정이 풍부하다. 하지만 표현을 잘하지 못한다. 미워하는 일과 질투는 잘한다.

- 외부의 시비를 쉽게 본다. 시비하는 사람이 누구인지 생각하지 않는다. 하지만 시비에 빨려들기 쉽다. 사람의 마음을 잘 읽기 때문이다.
- 감각이 예민하다. 기억력이 뛰어나다. 병화는 중점을 기억하고, 정화는 세밀하게 기억한다. 등잔불 같다. 문명의 상징이다.
- 마음이 쉽게 상처받는다. 가장 친한 사람에게 상처를 받는 일이 많다.

무

- 고집이 대단하다. 영향력이 매우 크다. 타인의 생각을 동화시킬 수 있다. 외유내강이다. 드러나지 않은 아량이 있다. 정욕에 빠지기 쉽다.
- 타인 돌보기를 잘한다. 자비심이 있다. 적응력이 강하다. 역으로 와도 순으로 받아들인다. 묵묵히 일한다. 하지만 상식을 잘 받아들이지 않는다. 친분 관계를 맺기 어렵다.
- 성실과 신의를 중시한다. 신용을 지키지 않는 사람을 증오한다. 묵묵히 규율을 지키고 받아들인다. 겉과 달리 속으로는 급하다. 옛것을 좋아한다. 이동과 변화를 좋아하지 않는다. 승낙한 후에는 어떻든 신의를 실천한다. 꾸물대지 않는다.

기

- 고집이 세다. 의리를 중시한다. 일의 관리를 잘한다. 소통을 좋아한다. 겉으로 온화하다. 안으로는 시기심과 반역심이 있다. 포용성이 강하다. 대개 재주가 있지만 활용하지 못한다. 신용을 강조한다.
- 교우 관계는 매우 넓다. 타인에 달라붙을 수 있다. 타인과 도모하면 충실하다. 사람과 사귀면 오래간다.
- 안정감이 결핍되어 있다. 배워야만 안정할 수 있다.
- 고집과 아집이 심하다. 안녕을 원하지만 틀리고 또 틀린다.

경

- 의리를 중시한다. 시비가 분명하다. 강단 있게 행하고 용기 있게 결정한다. 곤란을 두려워하지 않는다. 강압을 두려워하지 않는다. 직설적이다. 빙빙 돌리는 것을 싫어한다. 과단성이 있다. 인정이 있다. 약자한테 약하고, 강자한테 강하다.
- 작은 것에 구애받지 않는다. 눈매가 맵다. 감각이 예민하다. 기백이 뛰어나다. 권세 투쟁을 좋아한다.
- 겉으로는 건성건성 보이지만, 내심으로는 세밀하다. 겉으로는 귀하게 보이지만, 실제 성격은 검소하고 털털하다.

- 대개 자수성가한다. 직접 가르치며 중점을 얘기한다. 종종 타인에게 잘못을 저지르면서도 자신은 모른다.
- 스스로 힘을 쓰고 행하는 것을 좋아한다. 사주에 토가 많으면 대개 출세하기 어렵다. 화가 있으면 유연성이 높아진다.

신

- 허영을 용납하지 않는다. 인내심이 강하다. 순서에 따라 점진적으로 일을 한다. 온 힘을 다해 이상을 추구한다. 의리를 중시한다. 작은 것에도 신경 쓴다. 눈매가 예리하다. 감각이 예민하다. 문장이 부드럽고 학식이 바르다. 유연한 성품이다. 귀한 기운이 있다. 말재주가 있다.
- 자수성가한다. 돈이 있거나 없거나, 평생 돈 문제로 번뇌한다.
- 신경질이 있다. 숙면을 취하지 못한다.
- 잘못을 논박하는 일을 좋아한다. 세 번 생각하고 행동한다. 어떤 일에 대해 너무 많이 생각한다. 가설도 매우 많이 대입한다. 번뇌가 지나쳐 책임지는 데 무력하다.
- 신금은 원래 납작한 날인데 경금이 또 있으면 큰 도끼 같은 속성이 된다. 일단 특질을 발휘하면 냉정하게 쏟아내는 위력으로 사람을 참기 어렵게 만든다.

임

- 재주와 지식이 많다. 이성적이다. 책임을 중시한다. 교제가 넓다. 인연도 좋다. 반응이 매우 빠르다. 원만하여 죄를 짓지 않는다.
- 계산을 잘한다. 겉으로는 평온하다. 속으로는 담대하고 세심하다. 연애를 좋아한다. 격동하기 쉽다. 이성을 차별하다. 패배를 인정하지 않는다. 일을 크게 만든다. 적응력과 끈질김 모두 강하다.
- 오로지 자신만을 믿는다. 다른 사람의 의견을 잘 받아들이지 않는다.
- 위험을 보면 번개같이 대응한다. 약속에 구애받는 것을 싫어한다. 배포가 크다. 기세도 빠르게 소진한다.
- 도전심이 강하다. 도도한 바닷물처럼 야망이 크다. 성공의 기회도 많다.

계

- 겉으로는 평온하다. 내심으로는 기세가 대단하다. 임기응변에 능하다. 멀리 보는 능력이 있다. 가늘고 길게 흐른다. 보수를 지향한다. 절약한다. 검소하다. 깨끗한 것을 좋아한다. 감정은 취약하다. 조금 신경질적이다. 환상을 좋아한다. 굽이굽이 흐르는 작은 물줄기처럼 생각한다. 낭만적인 마음이 있다.

- 균형감이 비교적 적다. 평형을 잃기 쉽다.
- 결벽증이 있다. 생병을 앓기 쉽다.
- 각종 시사 문제·정보·관리가 필요한 대소사를 두루 살펴보고 파악하는 것을 좋아한다.

4부 성격 간명 3

천간 오합과 성격

	성질	성격
갑기합, 화토	중정지합	신용을 중시한다. 고집이 강하다. 융통성이 없다. 조리 있게 일한다. 정취를 잘 모른다. 오가는 정을 이해하지 못한다. 인연이 좋다.
을경합, 화금	인의지합	의기를 중시한다. 인덕이 있다. 굳세고 과단성이 있다. 정취를 잘 모른다. 규율을 중시한다. 타인에게 나쁜 일을 하지 않는다. 너그러운 마음으로 참는다.
병신합, 화수	위세지합	인연이 좋다. 정에 빠지기 쉽다. 정취를 중히 여긴다. 영적 교감을 중시한다. 기질이 좋다. 타인을 사랑으로 단속한다. 개성이 강하다. 거동과 얼굴에 위엄이 있다. 젊은 이성을 좋아한다.
정임합, 화목	음란지합	마음이 연약하다. 옷 입는 데 신경을 쓴다. 의지가 별로 없다. 이성과의 인연이 있다. 음미를 잘한다. 오가는 정이 매우 많다. 여자는 자태가 좋다. 심지가 선하다. 오래 산다. 분위기를 중시한다. 생활의 정취를 즐긴다.
무계합, 화화	무정지합	분위기를 중시한다. 하지만 정은 없다. 차갑다는 인상을 준다. 안색을 바꾸고 글도 바꾼다. 하지만 과하면 계산한다. 바람피우기 쉽다. 부부라면 남편은 작고 부인은 크다. 아니면 연령 차가 크다. 냉정하고 이지적이다. 예절에 빈틈이 없다. 현실적이다.

4부 성격 간명 4

월지와 성격

자

- 영리하고 꼼꼼하게 계산하면서도, 자기보호를 잘한다. 양쪽을 오가는 것이 일정치 않다. 궁리를 한다. 소탐대실이 많다.
- 총명하지만 제 꾀에 넘어간다. 매우 빠르다. 수시로 변한다. 시작은 있지만 끝이 없다. 결심이 비교적 느리다. 늦추면서 결정하지 못한다. 기회를 놓친다. 결정한 후에 또 바꾼다.
- 심사가 매일 변한다. 사업에 뿌리를 내리기 어렵다.

축

- 본성이 선량하다. 인내심이 강하다. 안정을 좋아한다. 안심입명安心立

命의 자리를 희망한다.

- 어려운 일을 맡는다. 특히 육체노동을 한다.
- 고집이 세다. 대담하다. 모욕을 견디며 무거운 짐을 맡는다. 실력을 감춘다.
- 주관적인 의식이 강하다. 근본을 철저히 따지는 것을 좋아한다. 좌절이 있을수록 더욱 용기를 낸다. 좌절을 통해 능히 성공한다.
- 옛일을 중요하게 여긴다. 사람의 발자취를 조사한다. 예전 장부를 살펴본다.
- 학습 속도는 느리다. 함께 움직이기가 쉽지 않다.

인

- 충동적이다. 자유롭게 움직이는 것을 좋아한다. 바쁘게 일할 명이다.
- 패배를 받아들이지 않는다. 첫째를 좋아한다. 어둠을 싫어한다.
- 야심이 크다. 큰 사업 경영을 꿈꾼다. 완벽주의다.
- 노고를 두려워하지 않는다. 책임을 전가하지 않는다. 홀로 일하고 싸우는 것을 좋아한다.
- 장악 능력이 강하다. 참모에 매우 적당하다.
- 미식을 즐긴다. 육식을 좋아한다. 책임감이 있다. 정한 목표는 반드시 달성한다.

- 만약 압력을 받으면 실망감을 느껴 심한 상실감과 상처를 받는다.
- 폭발력이 강하지만 지구력은 약하다. 다른 사람의 비평을 받는 데 익숙하지 않다.
- 사기당하는 것을 정말 증오한다. 한번 사기를 당하면 발광한다.

묘

- 지혜가 있다. 완벽주의다. 교만한 면이 있다. 매우 빠르다. 방어성이 강하다.
- 결벽성이 있다. 심성은 선량하다. 유시무종이 많다.
- 육감이 강하다. 직관이 날카롭다.
- 건명은 잘난 체를 잘한다. 잘못을 인정할 줄 모른다. 수시로 변할 수 있다.
- 이성과의 인연이 좋다. 자기보호를 위해 가끔 위장할 수 있다.
- 눈매가 예리하다. 눈에 거슬리는 사람을 보면 무시한다.
- 일을 할 때는 단숨에 하는 것을 좋아한다. 일할 때 방해받는 것을 싫어한다.

진

- 천변만화한다. 추측하기 어렵다. 타인에게 신비감을 준다.
- 속박받기를 싫어한다. 첫째를 좋아한다. 자부심이 대단하다. 이상을 추구한다.
- 생각의 변화가 빠르다. 아이디어가 많다. 일은 용두사미다. 자유를 좋아한다. 대개 허영심이 강하다. 말을 하지만, 실제로 일은 하지 않는다.
- 곤명이 건명보다 잘 변한다. 속마음을 읽기 어렵다.
- 대개 정신적으로 결벽증이다.
- 주관적인 의식이 강하다. 육감이 뛰어나다. 특이한 아이디어가 있다.

사

- 심사가 세밀하다. 민첩하다. 말을 잘한다. 패배를 받아들이지 않는다. 언쟁을 좋아한다.
- 겉으로는 냉담하고 무관심하다. 속마음은 불같다. 좋아하는 사람에게는 말을 많이 한다.
- 시기하고 의심하는 마음이 중하다. 냉정하다. 일을 직접적으로 말하지 않는다.

- 안목이 있다. 힘써 연구한다. 분석력이 강하다. 숫자 개념이 분명하다. 이재에 밝다.
- 주관성이 매우 강하다. 약속은 잘하지 않는다.
- 포용력이 크다. 하지만 화가 나면 반박하는 힘이 대단하다.

오

- 꾸밈없고 솔직하다. 담대하다. 입으로는 복종하지만, 마음으로는 불복한다.
- 매우 급하다. 승부욕이 강하다. 이용당하기 쉽다.
- 비위는 매우 강하다. 용감하게 충돌해 죽을 때까지 싸운다.
- 낙관적이다. 교제를 좋아한다. 성격이 일정치 않다.
- 성격이 자유분방하다. 하지만 마음만 급해 이루지 못하는 일이 많다.
- 이성 인연이 좋다. 곤명은 대개 남성적인 성격을 갖고 있다.
- 선동당하기 쉽다. 자극을 이겨내지 못한다. 일단 자극을 받으면 반드시 응답한다.
- 자존심이 강하다. 비평을 잘 받아들이지 못한다.

미

- 자립심이 특별하다. 혼자서 일한다. 친절하다. 인정미가 넉넉하다. 일에 빈틈이 없다. 근면하고 신중하게 일한다.
- 감정에 매우 충실하다. 다만 어떻게 표현해야 할지는 잘 모른다. 소심하다. 겉차림을 중시한다. 꼬치꼬치 따져 묻는다. 집요하다.
- 두각을 나타내는 인물이 되고 싶어 한다. 다만 타인에게 의존해야 성공할 수 있다.
- 지도 능력이 있지만 의사 표현을 하지 않는다.
- 건명은 대개 총명하다. 자기과시를 좋아한다.

신

- 매우 영리하다. 움직임을 좋아한다. 의기를 중시한다. 친구를 중시한다.
- 가만히 있지 못한다. 앉아 있지 못한다. 한가롭게 있지 않는다.
- 모방을 잘한다. 학습 능력이 강하다. 하지만 오래 하지는 못한다. 인내심이 없다.
- 성급하다. 잘 변한다. 기다리지 못한다. 생각과 동시에 일한다. 의지가 비교적 약하다.

- 관찰력이 예민하다. 생각이 세밀하다. 다만 은인자중하지는 못한다.
- 여러 사람 중 가장 주목받는 사람이 되기를 바란다. 약간 경박하다.
- 명쾌하고 똑 부러지게 일한다. 정곡을 찌른다. 생각한 바를 거침없이 말한다. 두세 마디로 해결한다. 타인에게 상처를 주는 말을 하고도 자신은 모른다.

유

- 대소를 모두 아우른다. 한가로운 일 관리를 좋아한다. 충격적인 힘은 없다.
- 봉사하는 것을 좋아한다. 도와주려 생각한 일은 바로 도와준다.
- 자신감 · 자존심 · 허영심이 모두 강하다. 개성이 이중적이다.
- 육감이 강하다. 감각을 중시한다.
- 건명의 이성 인연은 특히 좋다.
- 곤명은 대부분 일을 지나치게 열심히 한다. 성가시게 구는 것을 좋아한다.
- 신경질이 있다. 가슴속에 말을 감추어두지 못한다. 스캔들은 즉시 전파한다.

술

- 타인 돌보기를 좋아한다. 순간적으로 기발한 생각을 한다. 자신의 길을 간다.
- 환경에 따라 변하지 않는다. 인정한 사람과 일에 대해서는 끝까지 따른다.
- 신용이 좋다. 선량하다. 매우 신중하다. 경계심이 강하다. 아무나 믿지 않는다.
- 돈은 넉넉해도 금전관은 문제가 있다. 거부가 되기는 어렵다.
- 낙관적이다. 적극적이다. 감정을 감추지 못한다.
- 고지식하다. 자아의식이 강하다. 강산이 변해도 본성은 변하지 않는다.
- 고집쟁이다. 짝사랑하기 쉽다. 은정에 배로 되갚는다. 매우 충실하다. 꾀가 많다.

해

- 생각에 빠지면 헤어나지 못한다. 창조력이 있다.
- 지혜가 있다. 원칙을 중시한다. 소통하기 쉽지 않다.
- 겉으로는 굳세지만, 내심은 취약하다. 성격이 모순적이다. 이해하기가 쉽지 않다.

- 다른 사람의 힘을 잘 이용한다. 힘을 빌려 사용한다. 장사를 아주 잘 한다.
- 말재주가 있다. 말을 잘한다.
- 앞에 나서기를 좋아한다. 완벽주의다.
- 언어 자극을 받아들이지 않는다. 언어 자극에 극단으로 달리기 쉽다.

4부 성격 간명 5

지지 변화와 성격

삼합국·방합국과 성격

삼합국	방합국	오행	성격
신자진	해자축	수	다양하게 생각한다. 생각의 변화가 크다. 차가운 눈으로 방관한다. 성격에 따라 잘 변한다. 냉정하다.
사유축	신유술	금	영도하는 능력이 좋다. 의기를 말한다. 외모에 위엄이 있다. 숙살지기가 있다. 자신을 드러낸다. 자신을 포장할 수 있다.
인오술	사오미	화	열정적이다. 업무 효율이 높다. 시작은 뜨겁고 끝은 차갑다. 행동파다. 집행력이 좋다. 성격이 급하다.
해묘미	인묘진	목	환상을 좋아한다. 실제와 맞지 않는다. 마음이 연약하다. 계획이 많다. 집행력은 약하다.

지지 육합과 성격

육합	성격
자축합	부부간 소통이 원활하다. 대화가 있다. 가정을 잘 살핀다.
인해합	윤리·도덕을 중시한다.
묘술합	체면을 차린다. 겉차림을 중시한다. 가정을 돌본다. 외강내유다.
진유합	의기를 중시하지만, 늘 그런 것은 아니다.
사신합	총명하다. 총명함 때문에 틀린다.
오미합	감정·감각을 중시한다. 하지만 비위는 좋지 않다.

지지 육충과 성격

육충	성격
자오충	물과 불은 받아들일 수 없다. 정서가 불안정하다. 비위가 좋지 않다. 개성이 극단적이다. 수시로 변한다. 인연이 좋다. 이성 인연이 좋다. 정신질환이 올 수 있다. 신경쇠약이다. 여성은 대개 아름답다.
묘유충	일을 경쾌하게 한다. 민첩하다. 육감이 있다. 때로는 제3의 공간을 볼 수 있다. 인연이 좋다. 이성 인연이 좋다. 심성은 불안정하다. 선배와의 인연이 좋다. 사물의 가볍고 무거움을 잘 안다. 직감에 의거해 일을 한다.
인신충	바쁘다. 쉴 수 없다. 과속 운전한다. 차량 사고를 일으키기 쉽다. 육친과의 인연이 별로 없다. 평생 혼자다. 외근 업무에 적합하다. 동에 번쩍, 서에 번쩍한다. 타인에게 헌신한다. 하지만 타인으로부터 감사를 받기는 쉽지 않다.

사해충	언변이 막힘이 없다. 말하기를 좋아한다. 늘 입 때문에 화를 만난다. 끝까지 파헤친다. 이치를 따지면 남을 용서하지 않는다. 지름길로 가는 것을 좋아한다. 속도를 추구한다. 외근 업무에 적합하다. 골목길도 파고들 수 있다. 차량 사고를 일으킬 수 있다.
진술충	패배를 받아들이지 않는다. 다만 스스로 아래의 자리를 찾는 능력이 있다. 첫째가 되기를 좋아한다. 제어당하는 것을 참지 못한다. 이유가 많다. 틀리고 또 틀릴 수 있다. 남에게 허물을 덮어씌운다. 야심이 크다. 씀씀이가 크다. 재산을 지키기 어렵다. 돈을 벌 운은 있다. 재고(財庫)가 충하면 고가 깨져 열린다.
축미충	끝까지 묻는다. 주관적인 의식이 강하다. 자신만만하다. 밑지기 쉽다. 씀씀이가 크다. 앞에 나서기를 좋아한다. 주위 사람과 다툴 수 있다. 곤명은 유산할 수 있다. 타인의 행적을 조사한다. 고가 깨져 열린다. 재산과 돈을 지키기 어렵다. 작은 재물이 끊임없이 유실된다.

지지 형과 성격

형		성격
무례(無禮) 지형	자형묘·묘형자	형 중에 가장 나쁘다. 기질이 없다. 예의가 없다. 체면이 없다. 다른 사람과 편하게 대화하지 못한다. 스스로 맑고 고고하다고 생각한다. 좋아하지 않는 것은 외면한다. 비위가 좋지 않다. 불효한다. 공경하지 않는다. 서로 질투하고 반목한다. 육친을 심하게 손상시킨다.
시세(恃勢) 지형	인형사·사형신·신형인	타인을 대신해 정권을 차지한다. 그리고 과로로 사망한다. 타인 역시 감격하지 않는다. 힘이 10이 있다면 3은 남겨둘 것을 권한다. 타인을 혐오한다. 타인 역시 자신을 혐오한다. 작은 일이 있다면 잘하지 못한다. 수리 받아야 할 수 있다. 성정이 냉혹하고 의리도 없다. 모함을 당하기 쉽다.

무은(無恩) 지형	축형술·술형미·미형축	자신감이 넘친다. 지나치게 내달린다. 좌절을 만나기 쉽다. 측은지심이 없다. 굳세다. 부인이 이 형이 있으면 고독하기 쉽다. 축형술에서 축은 술에 대해 믿음이 대단하다. 술이 자신을 도와 일을 완전히 처리해줄 것으로 믿는다. 하지만 대개 사실과 소망은 다르다.
자형(自刑) 지형	진형진·오형오·유형유·해형해	심사가 답답하고 우울하다. 말을 꺼낼 수 없는 말이 있다. 다른 사람과 대화하기를 원하지 않는다. 마음속에 하나씩 차곡차곡 쌓아놓는다. 돌을 들어 제 다리를 찧는다. 스스로를 비하한다. 해형해가 가장 심하다. 진형진이 가장 경하다.

지지 육해와 성격

육해	성격
자미해	극단적이다. 지위가 낮은 사람을 무시한다. 일을 바꾼다. 의가 좋은 듯하나 속은 딴마음이다. 상대에게 요구한다. 자식과 일찍 따로 산다.
축오해	인내심이 없다. 화를 잘 낸다. 의가 좋은 듯하나 속은 딴판이다.
인사해	시비가 많다. 은혜의 정이 없다. 지위가 낮은 사람을 무시한다. 차가운 눈으로 방치한다. 언변은 막힘이 없다. 이혼한다고 해도 처마 밑에서 같이 살 수 있다.
신해해	시비가 많다. 은혜의 정이 없다. 지위가 낮은 사람을 무시한다. 만나기만 하면 입씨름한다. 못 보면 그리워한다.
묘진해	주변의 친한 사람과 서로 해를 만나기 쉽다. 살상력이 크다. 친구가 뒷다리를 잡는다. 형제의 연이 없다. 수족의 도움이 없다. 친근한 사람일수록 반박하는 힘이 더 크다.
유술해	묘진해와 비슷하다. 근친의 희롱을 당할 수 있다. 사나운 개는 편안하지 않다. 이러지도 저러지도 못한다. 이혼율이 높다.

고의 수량과 성격

고庫는 진·술·축·미를 말한다. 재물과 부의 창고를 대표한다. 재성의 고가 충하면 열린다.

고의 수량	성격
0개	절약 검소하다. 돈과 재물을 지키기 어렵다. 재산이 없는 아이이다. 재물로 와서 재물로 간다. 번 돈이 자기 것이 아니니다.
1개	타인을 아낀다. 절약하고 검소하다. 타인을 후하게 대한다.
2개	이재에 밝다. 충을 만나면 씀씀이가 크다. 재산을 모으기는 어렵다.
3개	돈을 빌리고 돌려주지 않는다. 돈을 번다. 재물이 흩어지기 쉽다. 돈을 시원스럽게 쓴다. 여러 곳에 투자한다.
4개	신강에 운이 오면 천하의 재산을 모은다. 신약에 운이 오지 않으면 모든 재산을 다 쓰고 만다.

역마의 수량과 성격

역마는 인·신·사·해를 말한다.

역마의 수량	성격
0개	패기와 과감성이 없다. 사무직에 적합하지 않다. 내근 작업이 적합하다. 가정주부가 좋다.
1개	움직이기를 좋아한다. 사무직에 적합하다. 달리기를 좋아한다. 하지만 멀리 달릴 수는 없다. 기민하고 재치 있다. 신속히 대응한다. 구속받지 않는다.

2개	좌충우돌한다. 여행과 변동을 좋아한다. 행동력·집행력이 있다. 한가로울 수 없다. 구속을 받지 않는다. 사무 전문가에 속한다.
3개	예술성이 높다. 담대하다. 노동에 분주하다. 만약 합이 없으면 충으로 혼란할 수 있다. 돈을 위해 이리로, 저리로 갈 수 있다. 무엇을 하든 늘 단련해야 한다. 거소가 일정하지 않다.
4개	집에서 대기할 수 없다. 한번 나가면 언제 귀가할지 모른다. 좀체 멈추지 않는다. 무엇을 하든 늘 단련해야 한다. 거소가 일정하지 않다.

도화의 수량과 성격

도화는 자·오·묘·유다. 이성과의 인연 및 사람과의 관계를 대표한다.

도화의 수량	성격
0개	엄숙하다. 얼굴이 형편없다. 이성 인연은 좋지 않다. 인간관계가 좋지 않다.
1개	인간관계가 있다. 아름답다. 이성 인연은 보통이다.
2개	인간관계가 매우 많다. 조숙하다. 아름답다. 이성 인연이 매우 좋다.
3개	인간관계가 좋다. 조숙하다. 공적 직무가 적합하다. 이성 인연이 특별히 좋다. 용모가 아름답다. 말을 잘한다.
4개	인간관계가 정말 많다. 다만 도덕관념을 주의해야 한다. 혹시 인간관계가 아주 없을 수도 있다. 자기 사랑(나르시시즘)이 과도하다. 혼자 고결하다고 만족한다.

5부

생활 간명

5부 생활 간명 1

질병

천간·지지와 인체 부위

질병과 사망은 명국 중 오행의 균형과 음양의 조화가 무너진 데 따른 것이다. 연주는 두부, 월주는 흉부, 일주는 복부, 시주는 하지를 대표한다.

천간이 대표하는 인체 내부를 보면 갑은 담, 을은 간, 병은 소장, 정은 심장, 무는 위장, 기는 비장, 경은 대장, 신은 폐, 임은 방광, 계는 신장이다. 삼초는 임, 관상동맥류는 계에 속한다고 본다.

천간이 대표하는 인체 외부를 보면 갑은 머리, 을은 목덜미, 병은 어깨, 정은 심장, 무는 갈비뼈, 기는 배, 경은 배꼽, 신은 넓적다리, 임은 정강이, 계는 발이다.

지지가 대표하는 인체 부분을 보면 자는 방광, 축은 위장, 인은 심장, 묘는 간장, 진은 어깨와 흉근, 사는 인후와 치아, 오는 정신과 눈, 미는 배와 척추, 신은 대장과 폐, 유는 혈관과 소장, 술은 명치와 대퇴부, 해는 머리와 고환이다.

오행과 질병

오행	천간	장부	질병
목	갑	담	간경화 · 간염 · 간암 · 황달 · 교통사고 · 골다공증 · 소아마비 · 근육 손상
	을	간	
화	병	소장	심장병 · 신장질환 · 정신질환 · 화병 · 중풍 · 뇌출혈 · 정신질환
	정	심장	
토	무	위	위염 · 위암 · 췌장암 · 자궁 난소 질환 · 산부인과 질환 · 비뇨기과 질환
	기	비장	
금	경	대장	대장암 · 폐암 · 호흡기 질환 · 불면증 · 자폐증 · 두통 · 관절염 · 소아마비 · 치아 질환 · 근골계 질환
	신	폐	
수	임	방광	신장결석 · 방광염 · 생식기 질환 · 요로결석 · 자궁 난소 질환 · 임신중독
	계	신	

지지와 질병

지지	대표 인체	질병 부위
자	방광	신장 · 요도 · 고환 · 자궁 · 요통 · 귀
축	위장	비장 · 복부 · 손발 · 횡경막 · 맹장 · 췌장 · 입
인	심장	머리 · 눈 · 근육 · 동맥 · 무릎 · 팔
묘	간	이마 · 눈 · 근육 · 모세혈관 · 말초신경 · 손가락 · 발가락
진	흉근	위 · 코 · 피부 · 등 · 허리 · 가슴 · 겨드랑이 · 맹장
사	치아	소장 · 얼굴 · 복부 · 인후 · 편도선 · 삼초 · 혓바닥
오	정신 · 눈	심장 · 혀 · 신경통 · 열
미	배 · 척추	입술 · 입 · 잇몸 · 척추 · 복부 · 허로증
신	대장 · 폐	근골 · 경락 · 음성 · 피부 · 골수 · 신경통 · 정맥

유	혈관·소장	폐·음성·피부·모발·입·월경·뼈·신경
술	명치	위·갈비·머리·대퇴부·가슴·항문·대변
해	머리·고환	월경·혈맥·대소변·장딴지·머리·혹·점

질병 예측 규칙

사주에서 가장 왕한 오행 및 가장 극을 많이 받는 오행이 대표하는 인체 부위의 병이 될 가능성이 높다. 일주의 오행을 종합적으로 판단해야 한다. 연간의 갑목이 극을 받으면 머리에 발병할 가능성이 높다. 갑과 연주는 머리를 대표하는 까닭이다.

사주에 오행이 많을 때(3개 이상, 토는 4개 이상), 오행이 없을 때, 오행이 고립되었을 때도 오행에 해당하는 인체 부위에 질병이 발병할 가능성이 높다.

병재病災와 상재傷災는 같지 않다. 병재는 오행이 약할 때, 왕한 데 극을 당해 무력할 때, 태왕할 때 오는 병이다. 상재는 2개의 오행이 싸우는데 통관이 없어 기가 불복하며 생기는 병이다. 금목이 싸우면 근골의 상재, 목토가 싸우면 피부의 상재, 수화가 싸우면 화상이나 피투성이 상재, 화금이 싸우면 혈액 질환, 부스럼 상재가 생긴다. 상전은 양쪽의 기가 왕성해서 생긴다. 한쪽이 왕하고 한쪽이 휴수이면 싸움은 일어나지 않는다.

5부 생활 간명 2

가족

육친

10성과 육친

건명의 경우 비견은 형제, 겁재는 자매를 대표한다. 정인은 모친, 편인은 계모와 조부를 대표한다. 식신은 계조모, 상관은 조모를 대표한다. 정관은 딸, 편관은 아들을 대표한다. 정재는 처, 편재는 첩과 부친을 대표한다.

곤명의 경우 비견은 자매, 겁재는 형제와 시부를 대표한다. 정인은 계모, 편인은 모친을 대표한다. 식신은 딸, 상관은 아들을 대표한다. 정관은 남편, 편관은 정부를 대표한다. 정재는 부친, 편재는 시모를 대표한다.

10성은 육친을 대표하므로 10성론과 육친론은 내용이 같은 것이다.

10성이 용신 또는 기신인데 만약 극제를 당하면, 10성이 대표하는 육친이 영향을 받는다. 10성이 용신으로 왕상인데 극을 당하면 그 10성이 대표하는 육친의 재해를 피할 수 없고, 10성이 기신으로 손상되면 육친의 재해를 피할 수 있다. 편재가 희용신인데 편재가 손상되면 부친이 재해를 입을 수 있고, 신약에 편재가 기신일 때 편재가 손상되면 부친의 재해를 피할 수 있는 것이다.

10성과 육친

	남	여
비견	남녀 형제 · 친구 · 동창	남녀 형제 · 친구 · 동창
겁재	남녀 형제 · 이복형제 · 며느리 · 동서	남녀 형제 · 이복형제 · 시아버지 · 동서
식신	손자 · 장모 · 사위 · 후배	딸 · 후배
상관	할머니 · 손녀 · 후배	아들 · 할머니 · 후배
편재	아버지 · 첩 · 애인	아버지 · 시어머니
정재	처 · 백부 · 고모	백부 · 고모 · 시어머니 형제
편관	아들 · 외할머니 · 매부	애인 · 정부 · 시형제자매
정관	딸	남편 · 며느리
편인	계모 · 이모 · 할아버지	계모 · 이모 · 할아버지 · 손자 · 사위
정인	어머니 · 장인	어머니 · 손녀

궁위와 육친

궁위宮位와 육친의 관계도 밀접하다. 연주는 조상궁, 월주는 부모궁, 일주는 본인과 배우자궁, 시주는 자녀궁을 대표한다. 궁위의 희기도 육친의 부귀빈천을 대표한다. 어떤 궁위가 용신이면 궁위의 대표적 육친의 가정 조건이 좋다는 뜻이다.

궁위와 육친			
연	월	일	시
조상궁	부모형제궁	명주(본인)궁	자식궁
조상궁	부모형제궁	배우자궁	자식궁

육친의 영향

육친이 왕할수록 일간에 대한 영향력은 크다. 육친이 일간에 가까울수록 일간에 대한 영향력은 크다. 좋은 영향인지 나쁜 영향인지는 육친의 희기喜忌를 보아야 한다.

육친의 영향력은 대운·세운의 변화에 따라 바뀐다. 육친의 희기 및 궁위의 희기 역시 세운의 변화에 따라 변화한다.

육친이 용신이 되면 일간과 그 육친의 관계가 화목하고 융합한다는 뜻이다. 기신이 되면 일간과 그 육친의 관계가 좋지 않고 불화하고 서로 상처가 된다는 뜻이다.

육친이 용신인데 약하거나 없으면 그 육친은 일간을 도울 생각은 있지만 능력과 조건이 좋지 않아 말로만 하거나 정신적으로만 움직인다고 풀이한다.

육친의 길흉

용신 · 기신과 육친

- 재성이 용신이면, 재성의 대표적 육친은 가정 조건이 좋고 부유하다.
- 관성이 용신이면, 관성의 대표적 육친은 권력 · 명예를 얻는다. 지위가 있다.
- 식상이 용신이면, 식상의 대표적 육친은 총명하고 재능이 있다. 문인 · 예술인이 많다.
- 인성이 용신이면, 인성의 대표적 육친은 독서를 좋아한다. 문인이 많다.
- 비겁이 용신이면, 비겁의 대표적 육친은 자수성가한다. 창업으로 부자가 된다.
- 관성이 기신이면, 관성의 대표적 육친은 관재 · 질병 · 곤경을 만날 수 있다.
- 재성이 기신이면, 재성의 대표적 육친은 재물 또는 여자 때문에 재액을 만날 수 있다. 재산이 없어 생활이 곤란할 수 있다.
- 식상이 기신이면, 식상의 대표적 육친은 생각이 없다. 생각이 있으면 불우하다. 질병과 재액이 많다.
- 인성이 기신이면, 인성의 대표적 육친은 평범하다. 생활은 청빈하다.
- 비겁이 기신이면, 비겁의 대표적 육친은 힘들게 일을 한다. 육체노동자가 많다.

궁위의 희기와 육친

연간은 조부, 연지는 조모, 월간은 부친, 월지는 모친을 대표한다. 일간은 본인, 일지는 배우자, 시간은 장남, 시지는 그 외의 자녀를 대표한다. 궁위와 그에 따른 육친을 정해놓고 육친의 길흉 및 육친간의 관계를 추명하는데, 추명 방법은 여러 가지다. 저자의 전작 2부 연구편 중 11장 궁성론을 참고하면 좋을 것이다.

궁위에 위치한 10성으로 육친의 길흉을 판단하는 방법이 있다. 월간이 비겁이면, 희기를 막론하고 극부의 조짐으로 부친의 일생은 재난이 많을 뿐 아니라 일찍 사망했을 것이라고 본다. 월간이 부친의 자리이기 때문에 편재가 있어야 마땅한데, 극하는 비겁이 자리하고 있으니 부친이 편안하지 못한 것이다. 또 건명의 일지가 비겁이라면, 희기를 막론하고 혼인 생활이 편치 않다. 곤명의 일지가 상관인 경우도 마찬가지로 판단한다.

궁위간 상생상극과 합·충 등으로 육친 간의 관계를 분석하는 방법도 있다. 일간과 연간이 합을 하면 조상덕이 있다고 본다. 또한 일간과 시간이 합을 하면 자식덕이 있을 것으로 본다. 충의 경우는 그 반대가 될 것이다. 특히 일주와 연주가 천간 합과 지지 합을 이뤘다면 덕은 배가될 것으로 본다. 천간과 지지의 합충이 교차되었다면 천간을 우선으로 판단한다.

궁위의 희기와 10성의 희기를 대조해 추명하는 방법도 일반적이다. 궁위의 희기는 여건과 능력, 10성의 희기는 실질적인 대응으로 본다. 만약 부친궁인 월간이 용신이고 부친성인 편재가 용신이라면, 부친이 능력이 있으며 일간을 돕는다고 본다. 만약 월간이 용신이고 타주에 있는 편재가 기신이면, 부친이 능력은 있지만 일간을 도울 마음은 없다고 본다.

궁위의 희기와 10성의 희기에 따른 길흉	
유형	길흉
궁과 성이 같은 자리	용신은 대길이다. 기신은 대흉이다.
궁길, 성길	육친의 능력이 크다. 일간에 도움이 된다.
궁길, 성흉	길흉을 논하지 않는다. 육친 자신의 능력 문제다.
궁흉, 성길	육친의 능력은 크지 않다. 다만 상조가 크면 일간과의 관계는 좋다.
궁흉, 성흉	육친 능력이 없다. 일간에 도움이 안 된다.

부모·조부모

조상궁과 부모궁

연주는 조상궁이다. 월주는 부모궁이다. 연간은 조부를, 연지는 조모를 대표한다. 월간은 부친을, 월지는 모친을 대표한다. 월간과 월지가 상생이면, 부모의 마음이 합해진다고 본다. 상극이면, 부모의 관계가 좋지 않다고 풀이한다. 월간과 월지가 같은 오행이면, 실랑이는 있더라도 오래 동반한다고 본다.

예를 들어 월주가 병인이면 목생화로, 부모궁이 편한 것이다. 월지가 월간을 생하므로 모친이 내조한다는 의미다. 월주가 임인이면 수생목으로, 월간이 월지를 생하므로 부친이 모친을 사랑한다는 것이다. 월주가 임술이나 갑술이면 간지 상극으로, 부모의 관계가 편치 않다고 본다. 월주가 경신이나 계해면 간지가 같은 오행으로, 부모의 관계가 무난할 것이다.

부모성

부친성은 편재다. 사주에 편재가 없으면 정재가 부친성이 된다. 모친성은 정인이다. 정인이 없으면 편인이 모친성이 된다. 재성과 인성이 용신인지, 기신인지, 강한지, 약한지를 보아 부모의 관계를 판단한다. 재성과 인성은 본질상 상극(재극인)인데 부모의 관계를 상극으로 볼 수는 없다. 따라서 부모 관계는 부모성의 용신과 강약 여부로 판단한다.

만약 부친성(재성)이 용신이고 왕한데 모친성(인성)이 기신으로 쇠하면, 부모의 관계는 괜찮다. 부친성이 용신이고 쇠한데 모성이 기신으로 왕하면, 부모 관계는 나쁘다. 부친성이 기신이고 쇠한 데 모친성이 용신으로 왕하면, 부모 관계는 괜찮다. 부친성이 기신이고 왕한데 모친성이 용신으로 쇠하면, 부모의 관계는 나쁘다.

조상·부모 길상

- 연주의 인성이 용신이면, 조상의 문화 수준이 높았을 것이다.
- 연월시에 인성이 많으면, 유모·보모·양모의 보살핌을 받았다.
- 연간이 편재이고 역마에 앉았는데 역마가 합이 없으면, 부친은 외지에서 창업한다.
- 월지가 술·해이고 부모성이면, 부모는 종교와 철학에 심취한다.

- 정인과 편인이 있으면, 양모나 계모가 있다.
- 신왕에 편재와 식상이 연월주에 있으면, 부친은 건강하고 장수한다.
- 편재가 도화·목욕에 앉으면, 부친이 준수하고 다재다능하다.
- 정인이 도화·목욕에 앉으면, 모친이 미모가 출중하고 예능감이 뛰어나다.
- 연간의 정관이 용신이면, 조상이 높은 벼슬을 했다. 관운이 좋다.
- 연간의 정관이 용신인데 충·형을 만나면, 조상이 몰락했을 것이다.
- 연주의 정재·정관이 희용신이면, 가업의 기반이 좋다.
- 연월주가 재관상생으로 용신이면, 부친이 관운이 있다. 자신도 권력을 얻을 수 있다.

조상·부모 흉상

- 인성이 용신인데 상해를 입으면, 모친이 고단하다.
- 편인이 식상을 극하면, 모친과 불화한다. 손자와도 어울리기 어렵다.
- 편인이 비겁에 앉으면, 양자이거나 계부가 있는 경우가 많다.
- 재성이 많고 왕하여 인성이 극을 당하는데 관성의 도움을 받지 못하면, 모친을 극한다.
- 효신탈식인데 재성이 극제를 당하면, 부모를 극한다.
- 연간 상관은 희기를 막론하고 가업이 쇠퇴한다.
- 양팔통에 인성이 태왕이거나 태약이면, 모친이 일찍 사망할 수 있다.
- 음팔통에 재성이 태왕이거나 태약이면, 부친이 일찍 사망할 수 있다.

- 연주·월주·일주·시주의 지지 모두가 천간을 극하면, 부모가 일찍 사망한다.
- 재다신약에 운이 사·절·묘 등으로 가거나 재가 왕한 곳으로 가면, 모친을 극한다.
- 연월주가 감당할 만큼 재왕이면, 조상·부모가 부귀하고 일간도 귀하다.
- 편재가 묘·절·공망에 앉아 있는데 세운에서 겁재를 만나면, 부친이 사망할 시기다.
- 월주에 편재가 비겁에 앉았으면, 부모는 불화하며 이혼 가능성도 높다.
- 편재가 양인에 앉았고 재성이 과다이면, 부친의 성품이 폭압적이다.
- 인성이 심하게 극을 당하면 모친을 극하고, 세운에서 만나면 모친이 사망할 시기다.
- 연간 정재가 제왕에 앉고 신왕이면, 조상의 기반이 무너지고 재산이 없어질 것이다.

형제자매

형제궁

월주는 부모궁이지만 형제궁을 겸한다. 월주가 충·형·해 등으로 손상을 받으면 형제자매의 길흉이 영향을 받는다. 충·형을 만나면 형제는 가계를 떠나 따로 가정을 꾸려야 한다. 형제가 떨어지면 재해는 풀린다. 헤어지지 않으면 재해는 다시 올 수 있다.

월주 형제궁에 비겁의 기신인 관살이 있으면 형제 중 요절·질병·징역의 재해를 입는 사람이 있다. 형제궁에 상관이 있어도 형제에 나쁜 영향이 있다.

형제성

사주는 음양오행의 중화를 이상으로 한다. 사주가 중화이거나 중화에 버금가면 형제자매성은 당연히 비겁이다.

하지만 사주가 중화인 경우는 많지 않다. 사주가 음양오행의 평형을 지향해 움직이고 싸운다. 신약이면 비겁이 신을 돕고, 신강이면 관살이 신을 제어하는 식이다. 전자의 경우 형제성을 인성으로 보거나, 후자의 경우 형제성을 관살로 보아 추명하기도 한다.

형제 길상

- 비겁이 용신이면, 형제의 도움을 얻는다.
- 재성이 경하고 겁재가 중한데 식상이 겁재로 화하면, 형제간 다툼이 없을 것이다.
- 재성이 경하고 겁재가 있는데 관성이 있으면, 형제간 다툼이 없다.
- 비겁이 매우 많거나 없으면, 형제가 서로 존중한다.

형제 흉상

- 비겁이 용신을 파괴하면, 형제가 고생한다.
- 월간과 월지가 상관이면, 형제를 극한다. 형제 중 요절자나 장애자가 있다.
- 월간과 월지가 관살이면, 형제를 극한다. 질병·장애에 시달리는 자가 있다.
- 재성이 경하고 비겁이 중한데 인성이 상처를 입으면, 형제간 다툼이 있다.

자녀

자녀궁·자녀성

시주는 자녀궁이다. 시간은 아들, 시지는 딸로 보기도 하고 시간은 장남, 시지는 장남 외의 자녀로 보기도 한다. 자녀궁인 시주에 편인이 자리하면 좋지 않다. 시주에 편인이 있고 기신이면 자식을 극한다고 풀이한다. 또한 자녀궁의 희기가 자녀의 우열과 길흉을 정한다. 자녀궁과 자녀성이 희용신이고 왕상이고 극제가 없으면, 길상이다. 용신이 쇠약하고 극제가 있으면, 흉상이다. 자녀성이 희신이지만 일간과 멀리 있으면, 자녀와의 인연은 박하다. 비록 자녀가 걸출하게 되더라도 외지나 밖에서 창업한다.

자녀성은 건명과 곤명이 다르다. 건명에서는 편관이 아들을 대표하고, 정관이 딸을 대표한다. 관성이 없을 경우 식신은 아들을 대표하고, 상관은 딸을 대표한다. 곤명에서는 식신이 딸을 대표하고, 상관이 아들을 대표한다.

자녀 운세

자녀 빈부

재성이 용신인데 명국이 식상생재食傷生財이면, 자녀는 부유하다. 재성이 용신인데 식상이 재성을 생하지 않으면, 자녀는 빈궁하다.

재성이 기신인데 식상이 재성을 생하지 않으면, 자녀는 부유하다. 재성이 기신인데 식상생재이면, 자녀는 빈궁하다.

자녀 관운

관살이 용신인데 식상이 관살을 제하지 못하면, 자녀는 관리가 되거나 공직에 종사한다. 관살이 용신인데 식상이 관살을 제하면, 자녀는 관운이 없다.

관살이 기신인데 식상이 관살을 제하면, 자녀는 관운이 있다. 관살이 기신인데 식상이 관살을 제하지 못하면, 자녀는 관운이 없다.

자녀 학업

식상이 용신인데 인성이 식상을 제하지 못하면, 자녀의 학업은 좋다.

식상이 용신인데 인성이 식상을 제하면, 자녀의 학업은 좋지 않다. 식상이 기신인데 인성이 식상을 제하면, 자녀의 학업은 좋다. 식상이 기신인데 인성이 식상을 제하지 못하면, 자녀의 학업은 좋지 않다.

득남·득녀

득남·득녀는 원국의 관살·식상만으로 판단하기는 어렵다. 세운의 배합을 보아야 한다.

일반적으로 건명의 경우 정관은 딸, 편관은 아들로 판단한다. 곤명의 경우 식신은 딸, 상관은 아들로 판단한다. 하지만 이는 한 명의 자녀를 얻는 경우에 적용되므로 희기와 세운의 관계를 파악해 판단해야 한다. 원국에 식신이 있고 상관년에 처자가 잉태했다면, 대개 득녀한다. 식신년에 처자가 잉태했다면, 대개 득남한다.

자녀 길상

- 시주가 재관성인데 희용신이고 기운이 있으면, 자녀는 출세한다.
- 시주에 용신이 있으면, 자녀가 많거나 자녀의 도움을 얻는다.

자녀 흉상

- 곤명의 경우 시주가 효신이면, 자녀를 극한다. 유산·난산·사산이 있을 수 있다.
- 곤명의 경우 일간이 왕한데 시지가 양인이나 효신이면, 출산 시 난산

이다. 개복할 수 있다.

- 곤명의 경우 일지와 시지의 합·충·진진 자형이 있으면, 출산 시 난산이다.
- 일주와 시주가 상충하면, 중년 이후로 고생하거나 자식을 먼저 보낼 수 있다.
- 명국이 매우 차겁거나, 뜨겁거나, 건조하거나, 습하면, 생식 능력이 미흡하다.
- 시간에 용신을 극하거나 파하는 자가 있으면, 자녀가 무력하다.

5부 생활 간명 3

혼인(배우자)

혼기

명리학상 혼기

일간과 배우자성이 평형점이 되고 일지가 움직일 때를 혼기로 판단한다. 예를 들어 건명 명국의 재성이 비겁에 의해 없어지면 여자 친구가 탈취된 것인데, 그 비겁이 혼인의 병病이 된다. 세운이 약으로 와서 비겁의 병을 치료해야 평형점이 된다. 세운에서 관살이 비겁을 제하든지 식상이 비겁과 재성을 통관하면 그렇게 된다. 그리고 일지의 합·충·형·해 등에 따른 움직임을 판단해야 한다.

일지가 병이 있어도 약으로 치료해야 한다. 일지가 합을 만나 병이 되면, 세운에서 충을 만날 때가 혼기다. 충이 병이 되면, 세운에서 합이 될 때가 혼기다. 만약 모든 병이 치료가 되지 않으면, 일생 외롭게 살 팔자다.

결혼하는 해는 용신 해만은 아니다. 많은 사람이 기신 해에 결혼한다.

이론상 결혼은 경사이므로 희용의 해에 혼인하는 것이 맞다. 하지만 실제로는 비용의 문제 등 여러 가지 압력으로 그렇게 하지 못한다. 따라서 혼기는 명국의 성혼 장애점을 파악하고 그 장애점을 치료하는 원리를 결합해 판단한다.

명국이 대운 및 세운과 특정한 조합이 될 경우도 혼기다. 세운 간지와 일주 간지가 천간 합·지지 합을 이루면 소위 원앙합으로 혼기라고 판단한다. 특히 세운 천간 혹은 지지가 배우자성인 경우 혼기로 보며, 아니면 혼외정사가 있을 것이다. 만약 결혼 적령기에 세운 배우자성이 도화에 앉고 일주 간지와 합하면, 결혼 또는 혼외정사가 있을 것이다.

혼기 특징

- 생년과 세운이 합하거나 일주의 천간·지지와 세운의 천간·지지가 합하면 혼기다.
- 대운·세운·명국이 삼합국으로 재관국을 이루면 혼기다.
- 건·곤명 재관성이 용신이고 세운으로 움직이면 혼기다.
- 곤명의 경우 일지와 세운이 충하거나 일간이 파괴되면 혼기다.
- 도화 또는 목욕 해이면 혼인 가능하다.
- 건명 신약에 비겁이 움직이면 혼인 가능하다.
- 곤명이 편인·상관·양인을 같이 보면 혼인이 늦다.
- 처성이 연주에 있고 합화나 극이 없으면, 타향 여자와 조혼하거나 어른의 중매로 혼인한다.

- 처성이 월주에 있고 합화나 극이 없으면, 고향 여자와 조혼하거나 삼촌의 중매로 혼인한다.
- 처성이 일지에 있고 합화나 극이 없으면, 고향 여자·동료·동창생과 혼인하는데 처가 결정한다.
- 처성이 시주에만 있으면, 대개 혼인이 늦거나 외지의 여자와 혼인한다. 또는 먼저 동거하고 나중에 결혼한다.
- 건명 시주에 처성과 자녀성이 동시에 있으면, 대개 먼저 동거하고 나중에 결혼한다. 시간과 일간이 합해도 선 동거, 후 결혼이다.
- 건명이 재성이 약하고 비겁이 왕하면, 선천적으로 극처하므로 만혼이 좋다.
- 일지가 합·충 등으로 희신으로 바뀌거나 도화성이 움직이게 되면 혼인 징조다.

궁합

판단 요소

궁합은 혼담이 있는 남녀 사이의 혼인이 길할지, 흉할지를 사주로 판단하는 일이다. 두 사람의 사주를 궁합 판단 요소별로 분석한 결과에 기초해 종합적으로 판단한다.

궁합은 원칙적으로 궁합 판단 요소로만 길흉을 판단하는 것이다. 하지만 실제로는 사주도 살펴보게 되고 그에 따른 현실적 문제도 고려하게 된다. 궁합은 좋은데 상대의 사주가 나쁠 경우나 반대의 경우 등이다. 그러나 궁합의 판단 결과에 관계없이 당사자들이 결정해야 할 것이다. 또한 사실혼 관계의 남녀 궁합을 판단하는 것도 생각해볼 문제다.

궁합 판단 방법 역시 규정되어 있는 것이 아니다. 일반론의 하나로 선호하는 방법을 제시한다. 조후·일간·월지·일지·격국·용신·음양·공망·대운의 순으로 판단하는 방법이다.

조후調候를 가장 먼저 검토한다. 남녀 사주의 오행을 대비해 균형이 이뤄지는가를 본다. 오행이 한쪽으로 편향되면 궁합의 선행 판단 요소가 나쁘다는 점에서 과감히 궁합 판단을 중단하기도 한다. 예를 들어 남녀가 똑같이 목·화·토가 붙어 있는 삼상사주라면 두 사람의 결합은 조후에서 금·수가 없는 상황이 된다. 뜨거운 오행만이 있으니 궁합상 혼인은 불가하다고 판단한다.

일간끼리의 합·충·극을 살펴본다. 천간의 합은 생각의 합이라는 관점으로 본다. 상극의 경우를 경계한다. 어느 쪽이 극하는지도 주시한다.

월지의 합과 생은 조후 다음으로 중시한다. 월지가 사주에서 차지하는 비중이 매우 크기 때문이다. 월지끼리 대입해 상생이거나 좋은 합이 되면 일단 긍정적으로 판단한다. 월지 상생이고 일지 상극이면 괜찮다고 보는 것이다. 일지가 원진이라 해도 마찬가지로 본다.

다른 요소들도 같은 방식으로 판단한다.

공망의 경우는 같을 확률이 높지 않지만 공망이 같으면 좋다고 판단한다. 남녀가 같은 순중의 사주로 운세 흐름이 같다고 보는 까닭이다.

궁합의 신경향

판단 요소는 변화하지 않았으나, 조후와 월지의 판단을 강조하는 추세다.

조후를 살피는데 오행 대입을 통한 균형보다 상대의 사주를 극하는 오행은 좋지 않다고 보는 것이다. 남자 사주는 화가 매우 강하고 여자 사주는 수가 매우 강하다면 보완이 될 수도 있지만 상극으로 판단해 궁합이 나쁘다고 판단한다. 참고할 만하다.

월지의 경우는 충이 되면 궁합이 좋지 않다고 본다. 월지 합의 중요성을 강조하는 것이다. 월지의 합은 덕, 일지의 합은 복으로 보는 방식이다. 덕은 선천적인 것으로 생의 배경이 되며, 복은 후천적인 것으로서 상대의 생활 능력이 되는 것이다. 월지의 합은 가문의 후원을 말하는 것이니 현실적인 시각이 아닐 수 없다. 궁합에서 적어도 월지의 충은 피해야 한다는 뜻이다.

혼인 생활

판단

배우자성 희기

배우자성이 용신이면 부부간 감정이 좋다. 기신이면 부부간 충돌이 잦다.

일지 희기

일주의 천간과 지지가 상생이면 부부간 감정이 좋다. 일간이 일지를 생하면 배우자를 매우 사랑한다. 일지가 일간을 생하면, 배우자로부터 많은 사랑을 받는다. 일간과 일지가 상극이면, 부부간 충돌이 잦다. 일지가 희용신이면 부부 관계가 괜찮지만, 기신이면 나쁘다.

배우자성과 일간

일간과 배우자성의 거리는 부부간의 영향력과 친밀도를 보여준다. 배우자성이 일간과 가까울수록 영향력이 크다. 또한 일간과 배우자성의 결합 정도가 왕할수록 영향력이 크다. 일간과 배우자성이 합하면 부부는 떨어져 살기 어렵다. 일간과 배우자성의 거리가 멀거나 배우자성이 없으면, 배우자와 떨어져 사는 시간이 길다기보다는 부부간 감정이 담담하고 영향력이 크지 않다는 것이다.

일지와 지지

일지와 다른 지지의 관계는 부부의 감정과 관계가 있다. 합·충의 영향이 가장 크다. 일지가 충을 만나면 부부 관계는 불안정하다. 혼재 및 이혼이 있을 수 있다. 일지가 합을 만나면 배우자가 외도 및 혼외정사를 할 수 있다. 누구와 혼외정사를 하는지는 일지가 합하는 지지의 10성이 무엇인지를 본다. 비겁이면 비슷한 연령의 상대이고, 관살이면 권력이 있는 자나 나이가 많은 사람이다. 식상이면 문화예술인이거나 나이가 적은 사람이다. 재성이면 돈이 많은 사람이다. 인성이면 문화인이거나 나이가 부친뻘인 사람이다. 만약 쟁합이 있으면 일생 동안 여러 사람과 사통하게 된다.

배우자 모습

- 일지가 자·오·묘·유이면, 배우자는 아름답고 단정하다. 능력도 있다.
- 일지가 인·신·사·해이면, 배우자는 열정이 있고 총명하다.
- 일지가 진·술·축·미이면, 배우자는 소박하고 안정감이 있다.
- 일지와 월지가 같으면, 배우자는 미모에 능력도 있다.

혼재

건명·곤명 혼재

혼재는 혼인 상대를 찾기 어렵거나 연애 실패·늦은 혼인·상배·이혼·별거·말싸움·배우자의 질병 및 형벌 등을 포함한다. 혼재의 대부분은 기신의 해에 발생한다.

건명의 혼재는 일간과 재성의 불균형이 생기고 일지의 변화가 생기는 해에 발생한다.

곤명은 일간·관성·상관을 보아야 한다. 일간과 관성의 불균형이 생기거나 상관이 왕해서 관성을 제한다면 모두 혼재의 징표로서, 일지의 움직임을 보아 종합적으로 판단해야 한다. 곤명의 혼재는 주로 관살과 식상의 해에 발생한다.

상배나 이혼은 배우자성이 극을 당하는 정도와 태왕 정도로 판단한다. 만일 배우자성이 극을 당하고 생을 받지 못해 완전히 제복되면 생사의 재가 있다.

혼재 판단

배우자성 판단

건명에 재성이 없거나 순양(양팔통) 또는 순음(음팔통)이면 예로부터 승도僧道명이라고 했다. 재성이 없으면, 재성이 용신이든 기신이든 관계없이 혼인이 순탄치 않다는 뜻이다. 정편재 혼잡도 혼인이 순탄치 않다. 배우자성의 충·형도 좋지 않다.

곤명에 관성이 없거나 순양 또는 순음이면 역시 출가出家명이라고 했다. 관이 남편을 대표하기 때문이다. 관성이 없으면 관성이 용신이든 기신이든 관계없이 혼인이 순탄치 않음을 뜻한다. 관살혼잡도 혼인이 순탄치 않다. 배우자성의 충·형도 좋지 않다.

신살 판단

괴강·양인 등의 신살은 건·곤명 모두 혼인 불순을 암시한다.

괴강살은 무술·경진·경술·임진 등이다. 무진·임진도 괴강살로 본다. 괴강은 천괴지강天魁地罡으로서 천지의 극단이란 의미다.

양인살은 갑이 묘를, 병이 오를, 무가 오를, 경이 유를, 임이 자를 만나는 등 양의 천간이 지지에서 자·오·묘·유를 만나는 경우다. 모두 오행이 극단적으로 왕해진다.

건명의 바람기 판단

상관과 편재가 결합하면 비교적 다정하다. 이는 풍류의 선결 조건이지만, 반드시 사주 중 상관과 편재의 역량이 식신과 정재보다 커야 한다. 가장 좋은 배합은 금수상관·수목상관이다. 진짜 풍류형(바람기)이라 할 수 있다.

비록 정재가 중하지만 식신이 없고 상관과 편재 역시 중하거나, 식신이 중하지만 정재가 없고 상관과 편재 역시 중하면, 버금 풍류형이라 할 수 있다.

상관과 정재가 중한데 편재가 하나 있거나, 식신과 편재가 중한데 상관이 하나 있다면, 한 번 외도에 빠질 수 있다. 그것도 강한 도화운을 만나야 가능할 것이다.

혼재의 회피 방법

나이 들어 결혼한다(만혼). 하는 일이 안정되고 인생관과 애정관이 비교적 성숙한 다음 혼인 상대를 이성적으로 구하면 혼재를 피할 수 있다. 35세 이후면 안정적이다.

혼인 경력이 있는 사람과 결혼한다. 혼인으로 좌절을 겪은 사람은 혼인을 냉정하고 성숙하게 대할 수 있다. 쉽지 않은 결혼을 소중하게 여긴다.

사주에 양인살이 있는 사람은 양인살이 있는 상대를 찾아 혼인하면 된다. 쌍방의 세력이 마주해 견제함으로써 두 번째 혼인을 피할 수 있다.

합하거나 생하는 사람과 혼인하면 된다. 충하거나 형하는 사람과의 혼인은 이혼율이 높다. 육합 또는 삼합국의 사람이 헤어지는 일도 있지만, 이혼율은 매우 낮다.

건명의 혼인 특징

혼인 길상

- 재성과 일지가 화하면, 부부는 화목하다. 재성이 다른 지지와 합하면, 처가 현명하지 않다.
- 배우자성이 희용신이면, 결혼 시 처의 재산을 얻거나 결혼 후 처가의 도움을 얻는다. 처가 집안을 잘 지킨다. 학식과는 무관하게 처의 능력과 기세가 자신보다 낫다.
- 월간이 정재이면, 처는 현모양처다. 만약 겁재가 태왕이면, 그 반대다.
- 일지가 정편재·정편인 또는 용신이면, 처는 현명하게 내조한다.
- 일주 천간지지가 상생이면, 부부는 화목하다.
- 일지와 시지가 관재성이면, 처는 현명하고 자식은 귀하다.
- 재성이 장생에 앉고 충·극이 없으면, 처는 장수한다.
- 일간이 목욕에 앉으면, 처는 미인이다. 하지만 혼외정사의 풍파 가능성이 있다.
- 일간이 약하고 양인에 앉으면, 처가 기민하고 총명하다. 신왕에 양인이 많으면, 이혼 가능성이 높다.
- 재성이 희용신이고 월령을 얻어 왕하거나 생조를 얻으면, 처는 미모에 부귀하다.
- 용신과 재성이 맞서지 않으면, 처는 아름답고 능력이 있다.
- 신왕에 재왕이면, 부귀한데다 여아를 여럿 둔다.

- 재성이 무근 용신인데 지장간 여기餘氣에 뿌리가 있으면, 현모양처를 얻는다.
- 상관이 용신인데 관성이 없거나, 지장간과 천간 모두에 관성이 없으면, 정관운을 만나기만 하면 발복한다. 편관운을 만나면 이름을 날리지만 혼인은 불순이다.
- 일지가 식신에 편인을 만나지 않으면, 처가 현명하고 가정을 잘 지킨다.
- 일지가 일간을 생하면, 부부가 화목하다. 정재와 일간이 합하면, 부유하고 부부간 사이가 좋다.
- 배우자성이 연주에 있고 일간과 합이면, 고향 사람과 혼인한다. 또는 가까이 있는 사람이나 어릴 때 놀던 사람과 혼인한다.

혼인 흉상

- 일지가 관살국을 이루고 극신이 있으면, 처가 떠나간다.
- 일지가 칠살이면, 처는 흉포하고 남편을 극한다.
- 일지가 양인이면, 혼인 불순이다. 처는 내부 기관이나 수술해야 할 병에 걸리기 쉽다.
- 재성이 겁재를 만났는데 구응救應이 없으면, 처는 횡액을 만나기 쉽다.
- 상관이 많고 기신인데 일지도 상관이면, 처는 이치를 따지지 않고 욕하기를 좋아한다.
- 2개의 무가 하나의 계와 쟁합하면, 부부의 연령 차가 크고 이혼하기

쉽다.

- 일지가 재성인데 지지 합으로 양인이 되거나, 일지가 겁재인데 정재가 있으면, 혼전에 친밀한 여자 친구가 있다.
- 월간과 연간이 같으면, 혼사 불순이고 감정도 맞지 않는다.
- 재관성이 공망이면, 중도에 처를 극하거나 타향으로 떠난다.
- 일지가 상관이면, 처는 총명하지만 심신이 불안정하다.
- 재성이나 일지가 겁재에 합화되면, 처는 사랑에 빠져 도망갈 수 있다.
- 시지 지장간에 재성이 있으면, 좋은 집에 여자를 숨겨놓을 조짐이 있다.
- 일지가 정재가 아니고 천간에 있는 하나의 정재가 겁재에 합화되면, 처는 친구의 꼬임에 빠져 사랑의 도피를 할 우려가 있다.
- 상관과 양인이 왕한데 제복이 없으면, 남편은 처를 극하고 처는 남편을 극한다.
- 연주·일주가 천간은 극하고 지지는 충하면, 부부는 생사별의 우환이 있다.
- 재성이 도화·목욕에 앉거나 재성이 합화해 기신이 되면, 처가 사통하는 경우가 많다.
- 비겁이 정재를 합하면, 처는 외간 남자가 있을 수 있다.
- 재다신약이면, 처가 남편에게 순종하지 않는다.
- 재성이 태약인데 운에서 비겁이 재성을 충하면, 처가 재액을 맞는다.
- 일간과 재성이 합이 많으면, 처와의 인연이 공포로 변한다.

- 일간 태왕에 일지가 비견이면, 처는 분란을 일으키는 일이 많다. 재약이면 매우 위험하다.
- 인성이 용신인데 재성이 인성을 파하고 관살의 구응이 없으면, 처로 인해 화가 있다.
- 겁재가 중하고 재성이 경한데 구응이 없으면, 반드시 처를 극한다.
- 재성이 쇠약하고 관성이 왕한데 식상이 없고 인수가 있으면, 처는 약하고 병이 많다.
- 재성이 희신인데 합이 되면, 부부가 불화한다.
- 재성이 없으면, 이성 인연이 적다. 부부의 의견 불일치로 일이 순조롭지 않다.
- 재성이 약한데 비겁의 극·파를 당하거나, 지장간에도 재성이 없으면, 처자식을 극한다.
- 2개의 재성이 있는데 하나가 공망이면, 이혼·상배·재혼의 조짐이 있다.
- 재가 절지에 앉으면, 아이에게 손상이 있다. 재성이 실령이면, 이별이 많다. 재성이 입묘하면, 처가 죽는 일도 생긴다.
- 천간에 비겁이 중중이면, 여러 번 혼인한다. 비겁이 태과이면, 대개 처를 극한다.
- 일지가 월지·시지에 충·형되어도 처를 극한다.
- 일지가 편재이면, 삼각관계가 생기기 쉽고 혼인에 풍파가 있을 수 있다.

- 월주의 정재가 연주의 극을 받거나 일주에 합이 되면, 혼인 경력이 있는 여자나 정조를 잃은 여자를 처로 맞을 수 있다.
- 편재가 앞에 있고 정재가 뒤에 있으면, 혼전에 다른 여자와 정사 관계가 있다.
- 정편재가 같이 있으면, 혼인이 불순하다. 두 번 혼인할 수 있다.
- 정재가 쟁합이면, 특히 비겁에 의한 쟁합일 경우, 처·여자 친구가 쟁탈된다.
- 재성과 일간이 합하는데 중간에 비겁이 방해하면, 혼인 분쟁·여자 다툼이 일어날 수 있다.
- 월간과 일간이 재성이면, 두 집 살림할 수 있다.
- 천간에 편재가 둘 이상이면, 혼인 불순이다.
- 지지에 합·충이 많으면, 혼인 불순이다.
- 정재가 많고 일간을 쟁합하면, 다처의 상이다.
- 신약에 재왕이면, 처가 집안을 주도한다. 처가 두렵다.
- 신왕에 재약인데 재성이 관성을 생하면, 처가 두렵다.
- 신왕에 재약인데 재성이 관성을 생하지 못하고 식상이 없으면, 늘 처를 괴롭힌다.
- 재성이 용신인데 설기가 심하면, 처의 힘을 얻지 못한다.
- 칠살이 많고 기신인데 재성이 관살을 생하면, 처의 힘을 얻지 못한다.
- 신왕에 재성이 용신이거나 무재이면, 부부는 백년해로하지 못한다.
- 신약에 재성이 중중인데 재성에 종할 수 없으면, 극처할 수 있다.

- 재성이 약하고 비겁이 왕한데 식상이 비겁을 화해 생재할 수 없으면, 극처하고 재취한다.
- 일지가 기신인데 생조를 얻으면, 처의 힘을 얻을 수 없다. 처가 재액을 만날 수 있다.
- 일지가 용신인데 충·파를 만나면, 부부가 불화한다.
- 무재에 양인이 일지를 충하면, 중년에 극처하고 이혼한다.
- 시지 양인이 일지를 충하거나 세운 양인이 일지를 충하면, 만년에 처와 생사별하거나 처가 장애자가 된다.
- 관성과 재성이 천간 합이나 지지 합을 하면, 남녀 모두 동거 후 혼인한다.
- 재성이 도화에 앉고 충·형·해·파를 만나면, 색으로 인해 재산을 잃을 수 있다.
- 일지가 합해 편인국이 되어 탈식이면, 좋은 배우자를 얻지 못한다.
- 자녀궁이 사·절·묘에 앉고 충·형·극이 있으면, 자녀가 없다.
- 대운과 일간이 천간을 극하고 지지를 충하면, 혼인이 매우 어렵다. 간지가 합이 이뤄지는 세운이면 가능하다.
- 갑진일 갑술시 사주는 남편은 처를, 처는 남편을 극한다. 관살운으로 가면 더욱 중하다.

곤명의 혼인 특징

혼인 길상

- 일지가 정인이면, 남편이 총명하다.
- 일지가 정관이고 관성이 있으면, 연애를 자유롭게 한다. 충·극 등이 있으면, 혼인이 늦어진다. 조혼을 하면 이혼의 우려가 있다.
- 일지가 관살이고 용신이면, 남편은 부귀하고 부부 사이가 화목하다.
- 관살이 장생에 앉고 관살이 충·극을 받지 않으면, 좋은 남편을 얻는다.
- 관성이 왕하고 귀인·역마에 앉으면, 귀한 남편을 얻고 해외로 나갈 일이 있다.
- 재성이 있고 재운을 만나 재왕생관이 되면, 남편은 영전한다.
- 관살이 왕한데 인성이 관살을 설기하고 일간을 생하며 유력하면, 남편은 귀한 명이다.
- 지지의 칠살이 용신이고 장생에 앉으면, 남편은 부귀하다.
- 관살혼잡이 아니고 인성을 생부生扶하면, 남편은 승진·영전의 기회가 있다.
- 관살이 약한데 재성이 관성을 생하면, 남편의 창업을 도울 수 있다.
- 일지가 편인이면, 남편은 총명하고 학문을 좋아하며 의타심이 있다.
- 관성이 용신이고 재성이 관성을 생하면, 남편은 명예가 빛난다.
- 일지가 희용신이고 생조를 얻으면, 능력 있는 남편을 만나고 부부간

사랑이 깊다.

- 지지 삼합·방합으로 관성국이 되면, 남편은 위세가 높다. 큰 사업을 할 능력이 있다.
- 정관이 정관에 앉으면, 남편은 건강하고 온화하며 충실하다.
- 관살이 태왕인데 식신이 극제하면, 남편은 부귀하다.

혼인 흉상

- 연주와 일주가 복음이고 충·극을 만나면, 남편과 사별하고 재혼할 수 있다.
- 관살이 둘 이상인데 그중 하나가 공망이면, 이혼하거나 사별 후 재혼할 수 있다.
- 관성이 묘에 앉으면, 남편을 극한다.
- 식신이 4개이면, 혼인이 늦다. 연애 혼인은 어렵다.
- 일지의 관살이 시지와 합이면, 재혼하기 쉽다.
- 비견이 중중이면, 남편을 뺏길 수 있다.
- 일지가 상관이면, 희기를 막론하고 남편을 극하거나 혼인 불순이다.
- 관성이 상관을 보는데 인성이 없으면, 남편을 극한다.
- 칠살이 연간에 있는데 정관이 일지에 앉지 않고 일지와 연지가 합이면, 재혼한다.
- 쟁합·투합이 있으면, 남편 복이 없다. 남편을 극하거나 빼앗긴다.
- 상관견관은 남편을 극할 뿐 아니라 가난하거나 질병에 시달린다.

- 천간 합이 많으면, 재가할 가능성이 높다.
- 관성이 왕하지 않은데 상관이 중중이거나 지장간 상관이 천간에 투출되어 있으면, 남편을 극한다.
- 관살혼잡이고 지장간 관살이 천간에 투출되어 있으면, 남편이 둘이 될 수 있다.
- 신약에 관살혼잡이면, 두 번 결혼하거나 첩이 될 수 있다.
- 관살이 태왕인데 식상과 인성이 무력하면, 부부의 의견이 맞지 않는다.
- 관살이 태약인데 식상이 왕하고 재성이 무력하면, 남편이 나약하고 크게 되기 어렵다.
- 일간이 강하고 식상이 많은데 재성이 무력하면, 남편은 빈궁하고 병이 많다.
- 일간 태약에 일지가 칠살이거나 관살이 왕한데 극제가 없으면, 남편은 흉포하다.
- 일지와 시지가 진술충이면, 남편은 외간 여자가 있다.
- 관살 또는 일지가 충·극을 받으면, 남편을 극한다.
- 일지가 편관인데 극제가 없거나 합이 되면, 남편의 성정은 흉포하다.
- 일간이 강한데 관성이 미약하고 상관이 많으면, 남편을 극하고 재가한다.
- 월간이 상관이고 월지가 칠살이면, 여러 차례 결혼하는 명이다.
- 월간이 상관이고 일지가 관살이면, 재혼할 가능성이 높다.

- 일지가 상관이거나 상관이 칠살이나 정관에 앉으면, 생사별의 상이다.
- 재성이 없고 상관이 왕하면, 이혼하기 쉽다.
- 비견·겁재가 많은데 관성이 없으면, 남편을 극한다.
- 관성이 재성과 합하거나 도화에 앉으면, 남편이 바람을 피운다.
- 일지가 비겁이면, 남편을 극한다.
- 양팔통·음팔통은 과부의 명이다. 혼자 외롭게 살지는 않는다.
- 관성이 묘·절에 앉거나 상관 지지에 앉으면, 재가한다.
- 정관이 공망이면, 상부하거나 일생 동안 홀로 살 수 있다. 공망이 귀인에 앉으면, 남편은 장애가 있다.
- 일간이 강하고 정관이 약한데 재성의 상조가 없으면, 좋은 남편을 찾기 어렵다.
- 칠살이 중한데 극제가 없으면, 호색에 남편을 극한다.
- 연주의 관살이 기신이면, 조혼의 명이다.
- 무관사주에 천간·지지 합이 많고 상관이 왕하면, 세 번 결혼해도 모자랄 것이다.
- 칠살이 앞에 있고 정관이 뒤에 있으면, 혼인 전에 속기 쉽고 첫 번째 연애가 이뤄지기 어렵다.
- 칠살이 앞에 있고 정관이 뒤에 있으면, 혼전 경험을 한다.
- 정관 합이 많으면, 사통하는 일이 있다.
- 일지가 양인인데 시주가 칠살이면, 남편을 지독히 극한다. 어둠의 여인이 될 수 있다.

- 비겁이 많으면, 부부가 화목하지 못하고 가정불화가 있다.
- 편관과 식신이 천간·지지에 같이 있으면, 혼인 불순이고 출산으로 인한 액이 있다.
- 곤명이 역마이면, 사통하여 도망간다. 처가 쌍역마이면, 집안이 몰락한다.
- 식상이 태왕이면, 처가 기고만장하고 가장의 역할을 한다. 남편을 우습게 안다.
- 순양·순음의 조합이 좋지 않으면, 독수공방한다.
- 금·수가 많으면, 성욕이 왕성하다. 성 욕구가 높다. 혼인 생활이 파탄나기 쉽다.

5부 생활 간명 4

관운

관운

관성 · 인성의 역할

관성은 귀한 기운을 대표한다. 관운이 있는지 없는지는 우선 사주에서 관성과 인성을 본다. 관성 · 인성이 없으면 관직에 대한 욕망이 크다고 할 수 없다. 반면 관성이 왕하거나 많으면 관직에 대한 욕망이 강렬할 것이다. 어디든지 파고들어 관직을 얻게 되고 직위가 높아질 것이라고 믿는다. 당연히 고관이 될지 여부는 별개의 문제다. 사주에 관성이 왕하거나 많지 않아도 관직을 얻을 수 있다. 그러나 팔자에 관성이 없으면 관직을 얻을 수 없다고 말할 수도 없다. 관직 여부는 명국과 운의 상황을 종합적으로 판단해야 한다.

일단 신왕에 일지가 정관, 월간이 정관, 연간이 관살이고 월간이 인성이면 관운이 있다고 판단할 수 있다. 모두 청년과 장년 사이에 관운이 있다.

관운의 특징

- 신약에 인성이 용신인데 관인상생인 사람은 관직을 얻는다.
- 신약에 관살이 기신인데 식상제살인 사람은 관직이 가능하다.
- 재성이 용신인데 재성을 설기하는 관성이 없는 사람은 관직이 가능하다.
- 재성이 기신인데 관살이 재성을 합화하는 사람은 관직이 가능하다.
- 식상이 용신인데 관성이 없는 사람은 관직이 가능하다.
- 종재격 중 재성을 설하는 관성이 없는 사람은 관직이 가능하다.
- 종아격 중 관살이 없는 사람은 관직이 가능하다.

관재

관재와 10성

사주 중에는 법을 어겨 옥살이를 해야 하는 조합이 잠재된 사주가 있다. 세운을 만나 발현되는 사주도 있다. 명국에 그러한 잠재 요소가 없는 경우에는 관재가 크지 않다.

승부욕이 강한 사람이 있다. 금전과 색욕을 강력히 추구하지만 준법관념이 약하고, 나쁜 일을 하는데 담대하고 이치를 무시하며, 멋대로 행동하는 유아독존적인 사람이다. 이러한 사람은 모험을 하고 범죄의 길로 달려간다. 반면 사건을 두려워하고 법규를 준수하고 정직한 사람은 절대

범죄 행위를 할 수 없다. 옥사의 관재 유무를 추명하는 데 주요한 관건은 심성을 보는 것이다. 심성이 행동을 결정한다.

상관·겁재·칠살이 기신이 될 때, 범죄 의식이 있다.

상관이 왕하고 기신이면, 매몰차고 각박하며 나쁜 일을 하는 데 거리낌이 없다. 남자는 환락을, 여자는 사랑을 추구한다. 법률을 잘 준수하지 않는다. 법률 의식도 낮다. 법을 어겨 옥살이를 하게 된다. 일반적으로 비겁 세운 중에 옥사의 재를 당하는 일이 많다.

겁재가 왕하고 기신이면, 자존심이 강하고 성격이 급하다. 화를 잘 내고 사람과 죽기 살기로 싸운다. 재물과 색욕을 추구하는 게 대단하다. 말썽 일으키기를 좋아한다. 나쁜 행동을 담대하게 한다. 피를 두려워하지 않는다. 겁재가 왕하고 관살이 없거나 무력한데 식상이 세운이면, 옥사의 재를 당할 수 있다.

칠살이 기신이고 신왕이면, 나쁜 길로 가 만행을 하고 이치를 무시한다. 자신에게 불복하는 사람에게는 인정사정없이 보복하고 타격한다. 배포가 커서 포악도 자행한다. 칠살에 제가 없으면 어둠의 길인 폭력집단에 빠진다.

일반적으로 관살과 일간이 서로 극해 발생하는 관재는 모두 쌍방이 기가 있어 불복하는 데서 기인한다. 만약 세운이 어느 한쪽에 힘을 주고 다른 한쪽에 힘을 주지 않으면, 대체로 관재는 발생하지 않는 대신 병이 나거나 재산이 무너진다.

옥사(獄事)

- 관살이 기신이고 재성의 생을 받으면, 옥사의 재가 있다.
- 식상이 왕한데 재성의 설기가 태과이면, 옥사의 재가 있다.
- 인성이 용신인데 재성이 인성을 제하고 관성이 없으면, 옥사의 재가 있다.
- 종강격 중 관성이 뿌리가 있는데 인성을 화할 수 없으면, 옥사의 재가 있다.
- 종재격 중 관성이 재성을 설하면, 옥사의 재가 있다.

공직의 적성

길성과 흉성

일생 동안 하는 일은 변하게 된다. 세운이 개입하는 탓이다. 세운이 원국의 조합을 무너뜨리고 새 조합을 만든다. 어떤 사람은 일생의 변화가 크지 않다. 원국의 조합이 비교적 견고해서 조합이 쉽게 무너지지 않는 까닭이다. 사주 중 정관·정인·식신·정재가 투출된 사람은 비교적 성실하고 진중하다. 공직을 맡기 쉽다. 칠살·상관·겁재·편재가 투출된 사람은 생각이 개방적이고 현상 타파를 꾀하므로, 평생 공직을 맡기 어렵다.

정관·정인·식신·정재는 길성 또는 정성靜星이라고 한다. 상관·겁재·칠살·편재는 흉성 또는 동성動星이라고 한다. 편인과 비견은 평성平星이라고 한다.

길성의 특징

길성이 많은 사람은 반응이 느린 편이다. 세심하고 진중하다. 변화를 좋아하지 않는다. 부모와 선배의 말을 경청한다. 비교적 안정된 업무에 종사한다. 공직자의 상이다. 사회적 업무도 어울린다. 개인적 업무라면 체면성과 안정성이 높은 일에 종사한다.

길성이 많으면 유동성이 강하지 않다(다만 식신은 유동성이 약간 있다). 정통적인 업무에 종사하는 사람이 많다. 돈벌이가 많아도 체면이 깎이는 업무는 하지 않는다. 도매업·소매업·작은 가게 운영 등은 적합하지 않다.

길성이 많은 사람은 일생 동안 안정성이 강한 업무를 한다. 장사를 하더라도 시장에서 하고 비교적 체면이 서는 장사를 한다. 길거리 장사는 하지 않는다. 소박함을 좋아한다. 온순하다. 특히 인성이 많으면 내적·정신적 즐거움을 추구한다.

흉성의 특징

흉성이 많은 사람은 평생 움직이는 것을 좋아한다. 매우 진취적이다. 격렬하고 열정적이다. 어떤 일이든지 시도해보려 한다. 돈이 있으면 도전 심리가 있다. 모험을 한다. 비교적 개방적이다. 수시로 변한다. 창업정신이 있다. 체면에 구애받지 않고 일을 한다. 세일즈·도박장 개설·거리 호객·매매 등 무엇이든 할 수 있다. 돈을 벌 수 있다면 일을 가리지 않고 한다.

흉성이 많은 사람은 살생을 기피하지 않는다. 육식을 좋아한다. 일을 빠르게 한다. 성급하다. 재물 축적을 추구한다. 일생 동안 유동성이 많은 일에 종사한다. 주동성도 있다. 변화성이 많은 업무에 민감하게 반응한다. 기업의 인사에 있어서는 관리직에는 길성이 많은 사람이 많지만, 시장 개척이 필요하다면 흉성이 많은 사람을 기용해야 한다.

흉성이 많으면 매우 거칠고 경솔하다. 사소한 일이라도 무력적이다. 외향적이다. 마음이 조잡하다. 천간에 길성이 있고 지지에 흉성이 있으면, 표면적으로는 온화하지만 실제로는 매우 과격하다. 외유내강이다. 돈이 될 만한 일에 적극적으로 달려든다. 통제받는 것을 거부한다. 자유롭게 창업하는 것은 즐긴다. 자영업이 적합하다.

흉성이 많은 사람은 자신만의 생각과 계산이 있다. 비록 말을 듣지 않지만 출세하지 못하는 것은 아니다.

5부 생활 간명 **5**

재운

부유

부유의 판단

부유富裕는 어떻게 볼 것인가? 적천수는 재물 기운의 대문 통과 여부로 부유를 알 수 있다고 했다. 재성으로 빈부를 본다는 것이다. 재성이 양명의 원천이기 때문이다. 하지만 재성이 왕하거나 많다고 해서 반드시 부유한 명이라고 할 수는 없다. 재성이 왕한데도 빈궁한 사람이 있다. 부유의 판단은 우선 재성의 여부를 본 다음, 재성의 조합이 일간에 긍정적으로 작용하는지를 보아야 한다. 여하튼 부유한지 빈궁한지는 재성 위주로 판단한다.

부명의 특징

- 신강에 재성이 많다.

- 재성이 있고 식상도 있다.
- 관성이 왕한 재성을 호위한다.
- 인성이 기신인데 재성이 괴인壞印을 할 수 있다.
- 인성이 희신인데 재성이 관성을 생할 수 있다.
- 식상이 중한데 재성이 유통한다.
- 신약재중에 관성과 인성이 없지만 비겁과 상관이 있다.
- 용신이 극·파를 당하지 않는데 재성이 용신을 도와주면 유력하다.
- 신약이지만 뿌리가 있고 재운으로 가면 발재한다.
- 식상이 왕하고 기신인데 재성이 식상을 제한다.
- 신약재다에 비겁이 용신이고 왕하면 형제·친지의 도움으로 발재한다.
- 종아격인데 용신인 재성이 투간되거나 운에서 만난다.
- 종강격인데 기신인 재성이 있거나 제를 당한다.
- 식상이 왕하고 기신인데 재성이 식상을 제하면 부유할 수 있다.
- 재성이 용신인데 식상생재면 부유하다.

빈궁

빈궁의 판단

빈궁貧窮은 어떻게 볼 것인가? 적천수는 재성이 진짜가 아니면 빈궁하다고 했다. 재성이 기신이 되면 쓸 수 없고, 재성이 용신이라 하더라도 약하여 제를 당하면 쓸 수 없다는 말이다. 재성이 용신이고 약한데 제를 당하거나, 재성이 기신이고 왕한데 생을 받으면, 모두 빈궁의 상이다.

관건은 명국의 조합을 잘 보는 것이다. 재성이 용신인데 명국에 재성은 없지만 팔자 조합이 좋아서 용신이 유력하고 일간 주위에 있으면, 그런 명국은 점차 좋아진다. 또한 행운의 조합을 잘 보아야 한다. 재성이 기신인데 대운이 재성을 제하면 발재할 수 있다. 재성이 용신인데 운에서 제를 당하면 발복이 어렵다. 하지만 재운이 왕한 운으로 가면 크게 발재하는 것이다.

궁명의 특징

- 신약에 재성이 중하고 식상이 중하다.
- 신약에 재성이 중하고 비겁이 경하다.
- 신약에 식상이 중하고 인성이 경하다.
- 식상이 경하고 재성이 중하다.
- 재성이 경하고 관성이 중하다.
- 재성이 약해 식상을 좋아하는데 인성이 왕하다.
- 재성이 경하고 비겁이 중한데 식상이 없다.
- 재성이 많아 비겁을 좋아하는데 관성이 비겁을 제한다.
- 인성이 희신인데 재성이 괴인한다.
- 인성이 기신인데 재성이 관성을 생한다.
- 재성이 희신인데 재성이 합을 당한다.

- 신왕에 관성이 경하고 인성이 중하다.
- 신약에 관성이 중하고 인성이 경하다.
- 관성이 경하고 비겁이 중한데 재성이 없다.
- 관성이 왕하고 인성이 용신인데 재성이 괴인한다.
- 관성이 많고 재성이 기신인데 재성이 득국한다.
- 관살이 왕하고 인성이 희신인데 재성이 득국한다.
- 재성이 기신이다. 또는 재성이 용신인데 충·파를 당한다.
- 일간이 태왕인데 재성이 없으면 부유하지 않다.
- 재성이 기신인데 생을 받으면 부유하지 않다.
- 희기를 막론하고 재성이 일간에게 불리하면 부명이 아니다.
- 신약재다인데 신이 도움을 받아도 받을 수 없거나, 종재를 할 수 없으면 가난하다.
- 연주와 월주가 재성이면 아름답지만, 일주와 시주가 충·파를 당하면 선부후빈先富後貧이거나 조상의 유산을 탕진한다.

5부 생활 간명 6

직업

오행과 직업

목

사주에 목이 희기에 관계없이 우세하면, 목의 성질과 관계있는 직업에 종사하는 것이 좋다. 또한 목 희용신이 대운의 시기이거나 목을 쓰면 좋은 사주가 수목운·목화운으로 가는 시기이면, 해당 기간에는 목의 성질과 상관있는 직업이나 사업에 종사하는 것이 좋다.

목이 대표하는 사물은 매우 많다. 산림·임업·목재·분재·원예·조경·농장·약초·청과·과수원·목제 가구·목제 기물·목제 건재·목형·등나무·대그릇·식목·돗자리·세공·섬유·피복·지물·의류·벽지·창호·문구·신문·학교·학원·문화·출판·문서·한의사·의약·인테리어·간담·신경·면제품·모제품·털실제품·섬유제품·방직·포목·의복·제지·약품·채소·가발·이발·모필·젓가락·면화·약솜·냅킨 등등이다.

직업으로는 행정공무원 · 행정가 · 방송 · 언론인 · 기획자 · 동시통역사 · 법조인 · 변호사 · 사회복지사 · 비서 · 사무직원 · 상담가 · 직업상담가 · 역사학자 · 역술인 · 연설가 · 음악가 · 문인 · 화가 · 정치인 · 종교인 · 커플 매니저 · 평론가 등이 적합하다.

화

사주에 화가 희기에 관계없이 우세하면, 화의 성질과 관계있는 직업에 종사하는 것이 좋다. 또한 화 희용신이 대운의 시기이거나 화를 쓰면 좋은 사주가 목화운 · 화토운으로 가는 시기이면, 해당 기간에는 화의 성질과 상관있는 직업이나 사업에 종사하는 것이 좋다.

화가 대표하는 사물은 매우 많다. 햇빛 · 전등 · 촛불 · 자외선 · 방사선 · 공기 · 바람 · 화약 · 폭약 · 탄약 · 폭탄 · 폭죽 · 석유 · 휘발유 · 등유 · 아스팔트 · 동물유 · 식물유 · 수지 · 발전 · 전기 · 전기기기 · 전지 · 핵발전 · 전기상 · 주유소 · 소각로 · 안경 · 사진기 · 조명설비 · 미장원 · 철공소 · 요업 · 눈 · 내장기관 · 심혈관 · 전기치료 · 용접 · 술 · 식당 · 분식점 등등이다.

직업으로는 법관 · 공무원 · 기자 · 의사 · 약사 · 설계사 · 배우 · 연예인 · 연설가 · 평론가 · 무용가 · 안무가 · 헤어디자이너 · 의상디자이너 · 체육인 · 컴퓨터그래픽디자이너 등이 적합하다. 경호 · 무역 · 교육 · 방송 · 정치 · 언론 · 예술 · 예능 · 디자인 · 장식 · 공예 · 무대조명 · 스포츠댄스 · 메이크업 · 성형외과 · 예식장 · 사진관 · 극장 · 연극 · 안경 · 천문기상 · 항공 · 운수업 분야도 좋다.

토

사주에 토가 희기에 관계없이 우세하면, 토의 성질과 관계있는 직업에 종사하는 것이 좋다. 또한 토 희용신이 대운의 시기이거나 토를 쓰면 좋은 사주가 화토운·토금운으로 가는 시기이면, 해당 기간에는 토의 성질과 상관있는 직업이나 사업에 종사하는 것이 좋다. 토는 포용성이 매우 크다. 늘 다른 일과 화합할 수 있고 겸업도 가능하다.

토가 대표하는 사물은 매우 많다. 들·산판·절개·성토·밭농사·건축·채석·모래·하수처리·광업·토지중개매매·부동산중개매매·대리점·석재석기·옥기·기와·도자·석면·쌀보리·옥수수·콩·고량·밀·사료·전병·빵·식품·축산·백화점·육류 가공·정육점·육포·해산물 가공·어포·건어물·가죽 가공·조미료·위장·피부·육상경기·유기비료 등등이다.

직업으로는 관광 안내인·교도관·군인·변호사·판사·비행사·스튜어디스·사회복지사·상담사·연예인·외교관·운동선수·자원봉사자·종교인·지압사·통역사 등이 적합하다. 교육·낙농·원예·농산물·조경·임업·도공예·고전품·골동품·독서실·정육점·무속·공원묘지·무역업·유통·소개업·스포츠·사찰·예술·정치·종교 분야도 좋다.

금

사주에 금이 희기에 관계없이 우세하면, 금의 성질과 관계있는 직업에 종사하는 것이 좋다. 또한 금 희용신이 대운의 시기이거나 금을 쓰면 좋은 사주가 토금운·금수운으로 가는 시기이면, 해당 기간에는 금의 성질과 상관있는 직업이나 사업에 종사하는 것이 좋다.

금이 대표하는 사물은 매우 많다. 금은·동철·주석 및 기타 귀중 광물·보석·우라늄·가마·대장간·금융·증권·경제·재정·보험·신탁·은행·농협·수협·신용투자회사·선물투자·전당포·금속기계·금속공구·연마·선반·자동차·기차·트랙터·굴삭기·전공·공업제품·중공업·군대·국방·동제 가구·동제 주방기기·치과·정형외과·이비인후과·흉부과·호흡기과·저울·가마솥·칼 등등이다.

직업으로는 법관·정치가·공무원·군인·경찰·교도관·의사·세무사·은행원·회계사·편집자·소설가·구성작가·방송작가·문학평론가·영화평론가·정치평론가·요리사·의상디자이너·헤어디자이너·엔지니어·프로그래머·금속기술자·기계기술자·연구원·과학자·체육인 분야 종사도 적합하다. 금융업·기획·경호·경비·기계·선박·철도·항공·운수업·자동차정비·모터사이클·중장비·과학·피부미용·철물·금은보석·도축업·사채·광업·치과·도자기예술·조각예술·노동단체 분야도 좋다.

수

사주에 수가 희기에 관계없이 우세하면, 수의 성질과 관계있는 직업에 종사하는 것이 좋다. 또한 희용신이 대운의 시기이거나 수를 쓰면 좋은 사주가 금수운·수목운으로 가는 시기이면, 해당 기간에는 수의 성질과 상관있는 직업이나 사업에 종사하는 것이 좋다.

수가 대표하는 사물은 매우 많다. 하천·호수·해양·우물·샘물·수력·

물 관리·냉동실·과즙·음료·맥주·사이다·교통운수업·해운·항공운수·육상운수·무역·전신·우편 업무·전파·관광 오락·여행·관광·주점·오락장·유치원·영화·연기·가요·극단·휴게실·미용·모델·패션·가무·무용·안마·향수·화장품·방광·신장·내분비기관·완구·전기기구·음향·냉동·수영장·수산물 등등이다.

직업으로는 의사·약사·법관·경영지도자·공인회계사·은행원·시스템엔지니어·시스템 분석가·음악가·패션디자이너·헤어디자이너·장의사 등이 적합하다. 교육·금융·경제·보험·외교·무역·관광경영·호텔·유통·목욕탕·냉동업·수산물·해운업·수도 사업·유흥업·양조장·정수기·양어장·식품·요식업·접객·정치·회계·통계·수학·문학·생물·화학·과학·물리·의약·컴퓨터·경제학·회계학·통계학·외국어 분야도 좋다.

10성과 직업

10성도 직업 선택에 중요한 기준이다. 오행과 10성을 함께 적용하면 더욱 효율적이다.

예를 들어 사주에 수가 많으면 수의 속성에 적합한 잠재력이 있을 것이다. 그런데 수가 식신이라면 식신이 대표하는 문화예술 업무·서비스업의 소양이 있는 것이다. 수에 속한 업종 중 식상 노선에서 발전할 수 있는 적합한 직업을 택하면 좋다.

10성과 직업

10성	적합한 직업
비견	자유직업 - 변호사 · 회계 · 교사 · 조합 경영자
겁재	자유직업 - 판매 · 여행 · 식당 · 주점
식신	문화예술 및 서비스업 - 음악 · 미술 · 연기 · 예술 창작 · 판매 · 연설
상관	문화예술업 - 음악 · 미술 · 무용 · 가수 · 연기 · 문학 · 도서 · 변호사
정재	안정적 직장 - 재정 · 금융 · 상공업 · 매장 · 회계 · 공장장
편재	상업 무역업 - 주식 · 증권 · 부동산 · 외자 유치 · 벤처 투자
정관	공직 - 행정 · 사법 · 신문 · 기업 관리 · 공무원
칠살	군경직 - 군인 · 경찰 · 사법 · 광산 · 폭파 · 무술 · 모험 · 외과의사
정인	문화 사업 - 교육 · 종교 · 문학 · 비서 · 도서 · 학술 연구
편인	전문 직업 - 연구 · 발명 · 설계 · 참모 · 의료 · 예술 · 종교 · 술수

격국과 직업

식신격과 직업

식신격은 사고 능력 · 언어 능력 · 교육 · 지식산업 분야로 진출하면 좋다. 교수 · 교사 · 문학 작가 · 예술인 · 회계사 · 통역사 · 언론인 · 아나운서 · 공무원 · 정보통신 분야 직업인 · 외교 관련 직업인 등이 적합하다.

식신격은 먹을 복도 있는 특징이 있어서 식품 사업이나 음식 장사를 하면 좋다.

식신격은 사람을 끄는 매력도 있다는 점에서 사업가나 경영인 소질도 있다.

식신격은 제조업·판매업에도 재능이 있다.

상관격과 직업

상관격은 식신격보다 활동 면에서 소질이 더 뛰어나다고 할 수 있다. 정치·경제·사회·문화 등 모든 분야에서 기발하고 획기적인 아이디어를 내는 재능이 있다.

사업가·교수·교육인·학원 강사·언론인·방송인·출판인·예술인·판사·검사 등 적합한 분야가 매우 다양하다.

상관격은 직업의 변화가 많으며, 지배를 받기 싫어하는 까닭에 제약이 있는 직장보다는 자영업이나 자유 직업을 갖는 게 낫다. 직장은 프리랜서나 자율성이 보장되는 직장이면 괜찮다.

상관격은 재성이 있으면 돈을 버는 일, 재성이 없으면 재주를 활용하는 일을 하는 것이 좋다.

정재격과 직업

정재격은 노력의 대가로 정당하게 재물을 얻는 직업이 좋다. 안정적이고 계획적이며 합리적인 업무 분야가 적합하다. 회사원·공무원·교사 등이 적합하다. 금융업 종사도 좋다.

정재격은 투기보다는 안전한 투자를 택하는 것이 좋다. 사업을 하려면 유행이나 경기에 민감하지 않은 업종을 택하는 것이 좋다. 자격증을 가진 자유업도 안정적이란 점에서 괜찮다.

편재격과 직업

편재격은 재를 응용하고 이용하는 분야에 관심이 크다. 현실적·실제적·투기적 성향의 직업이나 순간적 판단력이 요구되는 직업이 좋다. 부동산·증권·무역·금융 등의 분야가 적합하다. 사업가 자질이 뛰어나 성공할 가능성이 높다.

편재격은 활동적이라는 점에서 교통 통신 분야의 생산직·판매직·영업직도 좋다.

편재격은 격이 잘 구성되지 않으면 사회적으로 부정적인 영향을 미치는 사기·밀수·도박·매춘 등으로 떼돈을 벌려고 할 수도 있다. 이 경우엔 차라리 봉급생활자를 택하는 게 낫다.

정관격과 직업

정관격은 정관의 성격대로 안정적이고 사회적으로 인정받는 직업을 선택하면 좋다.

정관격이고 명국 구성이 좋으면, 고위 공직자·정치 지도자·사회적 조직의 지도자로 성공할 가능성이 높다. 구성이 나쁘면, 공무원이라도 하위직에 머물거나 일반 직장인이 되기 쉽다.

정관격에 재성이 좋은 역할을 하면, 재무 계통 고위직이나 기업 경영자가 되는 일이 많다.

정관격에 인성이 좋은 역할을 하면, 학자로 성공할 가능성이 높다.

정관격이 명국 구성이 좋은데 양인을 보거나 자형이 되면, 법조인으로 성공할 가능성이 높다.

편관격과 직업

편관격은 역동성이 매우 강한 분야의 직업이 적합하다.

편관격이 인성이 좋은 역할을 하는 살인상생殺印相生이 되면 법관·국회의원 등 고위직도 가능하고, 기업체의 간부나 기술 분야에서 대성할 수 있다. 또한 교수·사회운동가·단체 임원·별정직 공무원·문화예술계 공직자 등을 할 수 있다.

편관격이 식신제살食神制殺을 이루면 살殺직으로는 군인·경찰·검사 등의 직업이 어울리고, 생生직으로는 의사·약사 등의 직업이 적합하다. 또한 필筆직으로는 기자·작가·방송인 등이 어울리며, 설舌직으로는 종교인·교수·상담가 등이 적합하다.

편관격에 제화가 안 되어 있으면, 군경직이라도 지위가 낮게 될 가능성이 높다. 특히 신약한 사람은 강도·깡패·사기꾼·소매치기 등이 될 수도 있다.

정인격과 직업

정인격은 정인의 성격과 같이 학문과 인연이 깊은 분야의 직업이 가장 적합하다. 교육계 · 연구 분야 · 종교계에 진출하면 좋다.

정인격이 정관에 뿌리가 있으면, 학자 · 고위 공무원 등 교육 분야의 지도자가 될 수 있다. 정인격이 편관에 뿌리가 있으면, 군인 지휘관 · 기술직 고위 공무원이 가능하다. 정인격이 정관이나 편관에 뿌리가 없으면, 순수 학문 · 예술 · 기술 분야 진출이 적합하다.

정인격이 12운성 화개와 같이 있으면 종교인이 될 수 있다.

편인격과 직업

편인격은 독창적이고 창의적인 사고를 한다. 타인을 의식하지 않고 자신만의 세계를 추구한다. 철학 · 종교 등 정신적 활동을 하는 분야나 의료 · 건축 · 예술 · 4차산업 등 자신의 능력을 창출할 수 있는 분야에 진출하면 좋다. 자격증을 바탕으로 하는 자영업도 적합하다.

편인격은 고독에 익숙하므로 사교적인 직업은 좋지 않다.

편인격은 직업과 취미가 다르거나 한 가지 일에 만족하지 않는 경향이 있다. 정인격은 취미와 직업을 병행하는 경우가 많다.

건록격과 직업

자신의 주체성을 살릴 수 있는, 자격증을 가지고 하는 전문직이 적합하다. 의사 · 변호사 · 회계사 · 세무사 · 관세사 등이 해당된다. 또한 강인한 체력과 의지를 기반으로 하는 직업인 군인 · 경찰 · 운동선수 · 경호원 등도 좋다.

양인격과 직업

양인의 성격상 살기를 다루는 분야의 진출이 적당하다. 법무·군인·경찰·요리·공학·기술 계통이 적합하다. 의사·약사·법조인·신문방송인·미용사·재단사·철공소 등도 좋다.

운과 직업

직업과 운은 관련이 있다. 대운은 일간의 생활환경과 주변 여건을 대표한다. 행운이 구현해내는 생활환경과 직업은 밀접한 관계가 있다.

대운과 직업

대운에 맞는 직업에 종사하려면 두 가지를 분석해야 한다.

첫째, 대운 간지 오행을 본다. 대운 간지가 같은 오행이면 간지 오행 속성과 관계있는 업무에 종사하는 게 좋다. 대운이 갑인과 을묘라면 목과 관련이 있는 업무가 좋다.

둘째, 대운 간지 10성을 본다. 인성운으로 가면 인성이 대표하는 업무에 종사하는 것이 좋다. 식상운으로 가면 유동 분야에 종사하면 좋다.

세운과 직업

대운은 사주의 외적 환경이다. 대운의 개입으로 사주의 오행이 바뀌고 조합된 힘이 커질수록 인생에 대한 영향력도 커진다. 사업 변화의 차이도 커진다. 일생 동안 한 가지 일에 종사하는 사람이 있는데, 명국 중 어느 오행이 주도하는 구조가 견고하기 때문이다. 대운의 역량이 분산되어 그 주체적 구조를 변화시킬 수 없는 것이다.

명국의 오행 역량이 비슷비슷한데 세운의 개입을 만나면 오행의 역량 변화가 비교적 크다. 사주의 조합 형식이 바뀌기 쉽다. 그러한 사람은 여러 업무에 종사하는 것도 고려해야 한다.

5부 생활 간명 7

진로 적성

학업

학업에 관한 조합

인성은 학업과 학술의 성이다. 학업과 학력은 우선 인성을 보아야 한다. 인성이 희용신인데다 천간의 투출과 투간이 왕성하면, 학문을 좋아하고 쉬지 않고 공부한다. 여기에 대운이 관운과 인성운으로 가면 학력이 높다. 만약 인성이 없거나 사·절·휴·수에 앉으면 학업이 막힌다. 인성이 충·극·파를 만나거나 합화되어 성질이 바뀌면 역시 학업이 막힌다.

다음으로는 식상을 본다. 식상은 명국을 모으는 으뜸가는 기운이다. 지혜를 발휘한다. 식상이 희용신이고 식상이 기운이 좋으면 총명하다. 두뇌 회전이 빨라 학업에 유리하다.

학업에 유리한 조합은 상관패인傷官佩印·금수상관(이과에 매우 유리)·목화통명木火通明(문과에 매우 유리)·수화상제水火相濟(문과·이과 모두 좋음) 등이 있다.

학업에 불리한 조합은 비겁중중比劫重重 · 상관견관傷官見官 · 재다신약財多身弱 · 탐재괴인貪財壞印 · 편인중중偏印重重 등이 있다.

학업의 판단은 우선 인성이 있으면 인성을 보고, 인성이 적으면 식상을 보는 게 기본이다.

학력과 인성 · 식상

- 신약에 인성이 강이면 학력이 높다. 인성이 일간에 가깝고 유력할수록 더 높다.
- 신약에 인성이 약이면 학력이 낮다.
- 신강에 인성이 강이면 학력이 낮다.
- 신강에 인성이 약이면 학력이 높다.
- 신약에 식상이 강이면 학력이 낮다.
- 신약에 식상이 약이면 학력이 높다.
- 신강에 식상이 강이면 학력이 높다. 식상이 일간에 가깝고 유력할수록 더 높다.

학업과 용신 · 격국

- 신약에 관살이 왕하고 인성이 칠살을 화하면, 진학에 유리하다. 신약용인의 사람은 학문 깊이가 일정치 않다. 일간의 인성 소화·흡수 능력을 보아야 한다.

- 식상이 기신인데 인성이 제하면, 진학에 유리할 수 있다. 하지만 상관패인이면 편인과 식상의 역량을 비교해야 한다. 상관패인이 효신탈식으로 변하면 화가 된다.
- 편인이 기신인데 재성이 인성을 제할 수 있고 관성이 없으면, 진학에 유리하다. 재성이 인성을 제하는 데는 양자의 균형을 주시해야 한다.
- 종아격 중 편인이 속이 비고 기운이 없어 식상을 제하지 못하면, 진학에 유리하다. 세운이 편인으로 가면 진학에 불리하다.
- 종재격 중 식상생재에 인성이 없으면, 진학에 유리하다.
- 종관격 중 재성이 관성을 생하는데 인성이 없거나, 식상이 있지만 관성을 제하지 못하면, 진학에 유리하다.
- 종강격 중 인성이 비겁을 생하면, 진학에 유리하다.

군인

- 살인상생 · 마두패검馬頭佩劍(역마살 조합에 천간이 경금과 신금) · 시주칠살이 용신이면 군인이 많다.
- 시지가 인성이면 군인이 많다.
- 토가 관성인데 용신이면 병참 업무 군인이 많다.
- 무戊 · 신辛이 많으면 군인이 많다.
- 경庚 · 신辛이 많거나 천간 · 지지에 화가 없으면 군인에 종사하는 경

우가 많다.

- 상관견관인데 신약이 공귀拱貴(일주와 시주 또는 일주와 월주의 천간이 같거나 두 주의 지지가 관성인 경우)가 되면 군인 중 장군이다.
- 신왕에 관살왕이면 군직이나 법무직에 종사하는 일이 많다.
- 신왕에 관살약인데 관성운으로 가면, 군인을 택하는 경우가 많다.

상업

- 편재가 정재보다 강하면, 상업이 가장 좋다. 공직은 좋지 않다. 변호사·연예인·화가·음악가·무용가 등은 괜찮다.
- 세운이 식신·상관·재성을 움직이면, 자유업·창업·상업 투자 등이 좋다.
- 편재와 칠살이 왕하면, 외부 영업의 명이다.
- 금이 강하고 수가 약하면, 상업이나 상품 생산이 좋다.
- 천간에 갑·경이 있거나 지지에 인·신이 있는데 세운이 변화시키면 장사를 한다.
- 일주나 연주가 갑 또는 기인데 지지에 해·묘·미·인이 있으면 대개 포목점을 한다.
- 천간에 신·정·을이 있는데 지지가 해·묘·미이면 주류업이 좋다.
- 재성이 용신이고 역마에 앉으면, 큰 기업가나 큰 상인이 될 수 있다.

- 재성과 겁재가 있으면 기복이 있다. 오늘 크게 파괴될수록 내일 큰 부자가 된다.
- 정임합화목 · 계수중중은 상업에 적합하지 않다.

기타 직업

- 신약에 금과 목이 싸우면, 기술자다. 금이 약한데 화가 금을 절단하면, 토목 기술자다.
- 칠살이 공망을 만났는데 구응이 없으면, 공직은 좋지 않다. 권위를 지키기 어렵다.
- 지지에 자 · 오 · 묘 · 유 중 하나가 있고 천간에 상관 · 편인이 있으면 종교에 빠지는 경우가 많다.
- 관살혼잡은 연예 직업이 좋다.
- 식상과 칠살이 있으면, 첨단 정밀 기술에 종사하는 경우가 많다. 과학자 · 투자 자문가 · 전문 기술자 등이다.
- 진 · 술이 많으면 교도관이 되는 경우가 많다.
- 연주와 월주가 충하거나 일주와 시주가 합하면, 도살업 종사 가능성이 있다.
- 재성이 금을 만나면, 웅장한 필치의 화가가 될 수 있다. 금과 화가 많은 사람은 철강업에 종사할 수 있다.

- 상관패인이면 음악·바둑·서예에 능하다. 칠살이 양인을 만나면, 검무를 좋아한다.
- 신왕에 관인상생이면, 문인·교수·전문가·선생 등 교육업 종사자가 많다.
- 인성이 중중한데 관성이 없으면, 예술에 뛰어나다. 화개가 중중하면 예술에 뜻이 깊다.

참고문헌

구중회, 조선시대 명과학의 실태 분석: 《사주명리학 총론》, 공주대 정신과학연구소 편저, 명문당, 2004.

김연재, 역학 연구와 현대적 동향: 《사주명리학 총론》, 공주대 정신과학연구소 편저, 명문당, 2004.

박영창, 용신 결정의 방법과 사례 분석: 《사주명리학 총론》, 공주대 정신과학연구소 편저, 명문당, 2004.

신경수, 이허중 명리학의 특성과 내용: 《사주명리학 총론》, 공주대 정신과학연구소 편저, 명문당, 2004.

김동완, 《사주명리학 용신특강》, 동학사, 2006.

박주현, 낭월 사주방 1편, 음양오행편, 인터넷판.

성백효 역주, 《주역전의-상》, 전통문화연구회, 1998.

안종선, 《명리학 교과서》, 산청, 2014.

안종선, 《일주론》, 비앤비북스, 2017.

양원석, 백민 명리학개론, 인터넷판.

염정삼,《설문해자주 부수자 역해》, 서울대학교출판부, 2007.
전창선·어윤형,《음양오행으로 가는 길》, 세기, 1998.
민중서림 편집부,《한한대자전》, 민중서림, 2000.
권의경 저, 김은하·권영규 역,《오운육기학해설》, 법인문화사, 2000.
심효첨 저, 김정혜·서소옥·안명순 역,《자평진전》, 이담북스, 2011.
郭木樑,《八字神機妙卦》, 武陵出版有限公社, 2003.
萬民英,《三命通會》, 武陵出版社, 1996.
徐文祺 編著,《圖解 八字》, 西北國際文化, 2014.
徐升 編著,《淵海子平評註》, 武陵出版社, 1996.
王一鵬 編譯,《八字命學常用辭典》, 武陵出版社, 2013.
劉鎭鋒 編著,《日柱六十命格》, 香港 : 藍出版, 2013.
韋千里,《韋氏命學講義》(新修訂版), 心一堂有限公社, 2015.
韋千里,《精選命理約言》(新修訂版), 心一堂有限公社, 2015.
任鐵樵 增注, 袁樹珊 撰輯,《滴天髓闡微》, 武陵出版有限公社, 1997.
張楠,《命理正宗》, 進源文化事業有限公社, 2012.

중앙생활사는 건강한 생활, 행복한 삶을 일군다는 신념 아래 설립된 건강 · 실용서 전문 출판사로서
치열한 생존경쟁에 심신이 지친 현대인에게 건강과 생활의 지혜를 주는 책을 발간하고 있습니다.

사주풀이 운명을 읽다 〈최신 개정판〉

초판 1쇄 발행 | 2019년 9월 28일
개정초판 1쇄 인쇄 | 2023년 3월 20일
개정초판 1쇄 발행 | 2023년 3월 25일

지은이 | 윤득헌(DeukHun Yoon)
펴낸이 | 최점옥(JeomOg Choi)
펴낸곳 | 중앙생활사(Joongang Life Publishing Co.)

대　　표 | 김용주
책임편집 | 한　홍
본문디자인 | 박근영

출력 | 삼신문화　종이 | 한솔PNS　인쇄 | 삼신문화　제본 | 은정제책사

잘못된 책은 구입한 서점에서 교환해드립니다.
가격은 표지 뒷면에 있습니다.

ISBN 978-89-6141-312-1(03150)

등록 | 1999년 1월 16일 제2-2730호
주소 | ㊝ 04590 서울시 중구 다산로20길 5(신당4동 340-128) 중앙빌딩
전화 | (02)2253-4463(代)　팩스 | (02)2253-7988
홈페이지 | www.japub.co.kr　블로그 | http://blog.naver.com/japub
네이버 스마트스토어 | https://smartstore.naver.com/jaub　이메일 | japub@naver.com
♣ 중앙생활사는 중앙경제평론사 · 중앙에듀북스와 자매회사입니다.